나를 위한 현대철학 사용법

다카다 아키노리 지음
지비원 옮김

나를
위한
현대철학
사용법

**니체, 푸코, 레비나스,
들뢰즈를 무기로
자신을 지키는 법**

메멘토

나를 위한 현대철학 사용법
니체, 푸코, 레비나스, 들뢰즈를 무기로 자신을 지키는 법

초판 1쇄 발행 2016년 7월 11일
초판 2쇄 발행 2017년 11월 25일

지은이 | 다카다 아키노리
옮긴이 | 지비원
본문 교정 | 김정민
본문 삽화 | 최광렬
디자인 | 표지 여상우, 본문 고유라

펴낸이 | 박숙희
펴낸곳 | 메멘토
신고 | 2012년 2월 8일 제25100-2012-32호
주소 | 서울시 은평구 연서로 182-1(대조동) 502호
문의전화 | 070-8256-1543 팩스 | 0505-330-1543
이메일 | mementopub@gmail.com
블로그 | mementopub.tistory.com
페이스북 | www.facebook.com/mementopub
번역 저작권 ⓒ지비원
ISBN 978-89-98614-35-5 (03100)

이 도서의 국립중앙도서관 출판예정도서목록(CIP)은 서지정보유통지원시스템 홈페이지
(http://seoji.nl.go.kr)와 국가자료공동목록시스템(http://www.nl.go.kr/kolisnet)에서
이용하실 수 있습니다. (CIP제어번호: CIP2016015680)

들어가며

어쩌면 이 책은 당신이 직접 사지 않고 당신을 걱정하는 누군가가 당신을 위해 몰래 두고 갔을지도 모릅니다.

어쩌면 당신은 서점에서 '올바른 자살'과 '올바르지 않은 자살'이라고 쓰여 있는 소제목을 보고 충동구매를 했고, 지금 자포자기한 심정으로 이 책을 손에 들었을지도 모릅니다.

이런 것이 책과의 만남입니다. 책 내용을 다 알고 사는 사람은 없습니다. 내용을 잘 안다면 굳이 살 필요가 없겠죠. 일단 눈길을 주는 것이 만남의 첫 단계라고 생각해 주십시오. 이것도 분명 인연입니다. 그러니 조금만 더 읽어 주세요.

어떤 이유로든 당신은 이 책의 이 부분을 '읽고' 있습니다. 이는 의심할 여지가 없는 사실입니다. 이것을 만남이라고 하고, 현대철학에서는 공존(共存, co-presence)이라고 부릅니다. 만약 당신이 어떤 이유로 이미 죽음을 결심했다면 조금만 그 실행을 늦추고 이 뒤를 읽어 주세요. 이 책에는 분명 당신에게 불쾌하거나 혼란스러운 이야기 또는 당신을 격려하는 이야기가 나올 겁니다. 당신이 설득 같은 건 당하지 않으리라는 걸 저도 잘 압니다.

하지만 최후의 오락으로 이 책을 읽으면 어떨까요? 이 책이 마지막으로 읽는 책으로 아주 잘 어울릴지도 모릅니다.

이 책은 자살을 부정하지 않습니다. 자살이라는 행위는 다 죄악이라는 생각은 극히 비논리적입니다.

저는 자살에는 **좋은 자살과 나쁜 자살** 또는 **올바른 자살과 올바르지 않은 자살**이 있다고 봅니다. 여기서 좋다, 나쁘다, 올바르다, 올바르지 않다는 말은 사회의 가치판단을 의미하지 않습니다.

게다가 좋다, 나쁘다, 올바르다, 올바르지 않다를 판단하는 주체는 누구일까요? 물론 좋은가, 나쁜가에 대한 판단은 본래 개인만 내릴 수 있습니다. 사회에서 말하는 좋다와 나쁘다는 개인이 판단하는 좋음이나 나쁨과 종종 모순되지만, 이 책에서는 기본적으로 개인(개체)의 판단을 뜻합니다.

보통 자기 존재를 없애는 행위를 두고 '좋다, 나쁘다'를 말하는 것이 의미가 없다고 보는 관점이 있습니다. 하지만 이는 잘못된 생각입니다. 왜냐하면 '좋고 나쁨'은 어떤 결과를 기대하고서 내리는 판단이 아니라 순수하게 그 행위 자체가 좋은가 나쁜가를 판단하는 것이기 때문입니다. 행위의 좋고 나쁨은 그 행위의 결과에 따라 판단하는 것이 아닙니다. 어떤 결과를 가져오려고 하느냐에 따라 좋은 것도 있고, 나쁜 것도 있습니다. 결과에 따라서만 판단을 내리는 것에는 주체적인 의사 결정이 존재하지 않습니다.

달리 말하자면 **좋은 결과를 낳으면 좋은 행위**라는 사고방식은 잘못되었습니다. 이 사고방식에 따른다면 우리는 좋은 행위를 할 수 없습니다. '좋음'은 결과가 어떻든 '좋은' 것이어야 합니다. 그래야만 맨 처음에 좋은 행위를 할 수 있습니다. 어떤 행위를 시작할 때는 그 결과가 어떨지 알 수 없으니까요.

생사(生死)는 철학의 근본적인 문제입니다. 모든 철학이 '어떻게 살 것인가' 또는 '어떻게 죽을 것인가'를 기본적인 문제로 다뤄 왔습니다. 그리고 자살은 지금 죽으려고 하는 사람만의 문제가 아닙니다. 자살이 아니더라도 사람은 작은 자살을 반복하는 경우가 있습니다. 이 책에서는 이것을 **소극적 자살**이라고 부르겠습니다. 소극적 자살이란 적극적으로 죽음을 택하는 것이 아니라 죽어도 상관없다든가 뭐가 어떻게 되든 모르겠다고 생각하는 것입니다. '이대로 죽는대도 어쩔 수 없다'는 포기도 넓은 의미에서 소극적 자살입니다. 사람은 소극적인 자살을 거듭하는 가운데 절망이라는 상태에 빠지기도 합니다.

사람을 괴롭히는 직접적인 원인은 억압입니다. 억압에 대한 해결책은 크게 두 가지밖에 없습니다. 하나는 억압을 없애는 것·자유를 회복하는 것이고, 다른 하나는 영혼을 없애는 것입니다. 영혼을 없앨 수는 없으므로 많은 사람이 영혼을 축소하고 무의식의 세계에 잠기며 그날그날을 살아갑니다. 그리고 무의식에 잠겨 있는, 둔해진 감각 속에서 살아가는 사람들이 이렇게 말합니다. "살아 있으면 반드시 좋은 일이 생긴다." "살아가는 것에는 의미가 있다." "살아 있는 것만으로도 행복하다."

우리가 그런 말에서 아무것도 느끼지 못하는 것은 당연합니다. 영혼을 축소해 버린 사람들의 변명으로만 들리니까요.

그리고 이런 해결을 부정하는 쪽에 자살이 존재합니다. 자살은, 영혼을 없앨 수는 없으니 영혼이 머물고 있는 몸을 없애서 영혼을 소멸한다는 속임수입니다. 이것은 영혼을 축소할 수 없는 사람들의 궁극적인 해결 방법입니다. 하지만 자살은 결국 영혼을 축소하거나 없애 버리는 것과 같은 방향의 해결책에 지나지 않습니다.

진정한 해결책이 두 가지밖에 없을까요? 억압을 없앨 수 없다면 굴복하며 살아가는 수밖에 없을까요?

우리에게는 아직 싸울 방법이 남아 있을 겁니다. 물론 억압을 없애는 싸움도 있겠지만 제3의 방법도 있을 겁니다. 그리고 이 책은 그것을 찾는 여행입니다.

만약 당신이 지금 죽음을 생각하고 있다면 잠깐 이 여행에 동참하면 어떨까요? 죽음을 결심한 사람에게는 무한한 시간이 남아 있을 테니, 잠시 낭비해도 큰 문제가 되지 않겠지요.

거듭 밝히지만 이 책은 죽음을 결심한 사람에게 마음을 바꾸라는 이야기를 하지 않습니다. 이 책의 목적은 죽음을 결심한 순간부터 실제로 죽기 전까지의 삶을 가능한 한 빛나게 만드는 것입니다. 죽음에 이르러서야 삶이 빛나지만 거꾸로 삶에 따라 죽음이 빛나는 경우도 있습니다. **빛나는 삶**과 **빛나는 죽음**은 동의어입니다.

그리고 우리는 죽음을 결심했든 아니든 간에 실제로 죽을 때까지 삶을 살아가는 존재입니다. 죽음을 결심하는 일과 사람은 누구나 죽는다는 사실을 깨닫는 일의 의미는 아주 유사합니다. 결심하지 않아도 죽음이 누구에게나 찾아온다는 것은 확실한 현상입니다.

이 책에 대해

이 책에 대해 개략적으로 설명하겠습니다. 본문은 다음 네 순서에 따라 전개됩니다.

① 문제의 외형을 파악하고 대략적인 해결 방법을 상정한다.

② 문제가 일어나는 원인과 이유를 파악한다.

③ 우리에게 주어진 방법과 무기가 무엇인지 알아본다.

④ 그 방법과 무기의 사용법을 고민한다.

우선 머리말에서는 이 책이 다루는 문제에 대해 생각하겠습니다. 우리가 괴로워하는 원인과 이유를 분명히 파악하려는 것입니다. 여기에서는 대략적이나마 사고를 어떤 방향으로 전개할 것인지를 생각해 보려고 합니다. 머리말은 앞의 ①에 해당합니다.

1장에서는 우리를 속박하는 것들을 검토합니다. 이것들은 크게 언어, 가치, 사회로 나누어 살펴보겠습니다.

2장에서는 '살아간다는 것', '죽음'과 연관해 우리가 존재하는 '세계'가 어떤 것인가와 그 세계 안에서 어떻게 살아갈 것인가에 대해 생각해 보겠습니다. 이를 위해 세계와 이야기라는 개념을 사용합니다. 그중에는 우리를 속박하는 것이 있는가 하면, 우리에게 자유를 부여하는 것도 있습니다. 다시 말해, '나'와 '나의 바깥에 있는 세계'의 관계를 살펴보려는 것입니다. 1장과 2장이 앞의 ②에 해당합니다.

3장에서는 '나'와 '나의 내부 세계'의 관계를 살펴봅니다. 이 책에서는 나와 신체라는 개념을 써서 검토하겠습니다.

4장에서는 타자에 대해 알아봅니다. 이 세계에는 나만 존재하지 않습니다. 이 세계는 나와 타자로 구성된 것처럼 보이는 무언가입니다. 3장과 4장은 앞의 ③에 해당합니다.

이 책은 이렇게 언어, 가치, 사회, 세계, 이야기, 나, 신체, 타자라는 현대철학의 주요 개념에 대해 설명하고 검토해 나갑니다.

마지막으로 5장에서는 앞에서 말한 주요 개념으로 살아간다는 것이란 무엇인가 또는 죽는다는 것은 무엇인가에 대해 생각해 보겠습니다. 5장이 앞의 ④에 해당합니다.

이 책은 이렇게 문제를 명확히 하고, 그 원인을 검토하고, 해결 방법을 고민하면서 그 사용법을 음미하려고 합니다.

차례

들어가며 ………………………………………………… 5

머리말: 나의 문제란 무엇인가

무엇이 우리를 괴롭히고 있는가 ………………………………… 21
이 책에서 다루는 큰 문제 | 나와 세계는 함께 부패해 간다 | 자유와 억압

우리에겐 어떤 무기가 있는가 ………………………………… 29
교양은 자유로워지기 위한 기술 | 속박에서 벗어나려면 | 사고하는 능력

1장: 나를 속박하는 것은 무엇인가

언어에 대해 ··· **38**

언어의 전제 | 무언가를 배운다는 것 | 언어의 도그마성: 르장드르의 도그마

인류학 | 자유롭게 사고하려면

가치에 대해 ··· **47**

도덕은 어떻게 형성되는가 | 처음부터 존재한 도덕은 없다: 니체의

『도덕의 계보』 | 자기 이익 추구를 죄악시한 기독교 | 니힐리즘의 탄생 |

자기 긍정을 '선'으로 여기다

사회에 대해 ··· **61**

'살려 두는' 것이 정치의 기본 원리: 푸코의 생명정치 | 죽일 수 있지만 죽이지

않는다 | 틀에서 빠져나오려면 | 자살을 금지하는 이유 | 사회는 우리를

괴롭히기 위해 존재하는가

2장: 나는 어디에서, 어떻게 살고 있는가

부패한 세계에서 배역을 맡다 ··· **76**
우리는 배역을 연기한다: 하이데거의 세계 극장 | 나의 의미와 가치를
결정하는 '세계' | 가면 뒤에 있는 존재자 | 배역을 인식하지 않은 만남 |
우리 스스로 배역을 만들어 낼 권한

커다란 이야기를 믿을 수 없게 되다 ································· **88**
사람은 '이야기' 구동장치 | 사회가 강제하는 이야기 | 커다란 이야기란 |
커다란 이야기에 대한 불신: 리오타르의 포스트모던

대결하는 자만이 세계를 바꿀 수 있다 ························· **95**
괴로움과 피곤함 | 절망은 언제 생겨나는가 | 우리는 일회적인 현상을
살고 있다 | 시간이 지나도 해결되지 않는 것 | '버릴 수 없는 이야기'를
산다는 것 | 이야기를 수행한다는 것의 의미

3장: 나란 무엇인가

나란 누구인가 ·· 112

나와 신체 | 나는 내 모습을 부끄러워한다 | '나'라는 존재의 중심에 존재하는 것

나의 행위는 전부 나에게 귀속되는가 ························· 119

나는 정말 주체인가: 비트겐슈타인의 언어 놀이론 | 사람은 언어라는
제도에 따라 행동한다 | '나'라는 언어 놀이

속박에서 벗어나기 ·· 129

언어와 가치의 속박 | 이야기와 세계의 속박 | 사회의 속박 |
'나'라는 존재의 핵심

4장: 나에게 타자란 무엇인가

나는 타자를 이해할 수 있는가 ······························· 143

'존재한다'는 말의 의미 | '존재하다'에서 '존재자'로 | 스스로 이름을 대는 존재:
레비나스의 타자 | 고독한 존재자 | 자아의 범위 | 타자의 이해 불가능성 |
죽음의 이해 불가능성

더불어 살아간다는 것 ··· 162

왜 인간은 얼굴을 노출하고 있는가 | 부르고 불리는 관계의 상호작용: 고프먼의
공존 | 상호작용 질서라는 속박 | 개별적 올바름의 추구: 아감벤의 공동성 |
더불어 살아가다: 낭시의 코르푸스 | 내가 있을 자리 만들기

5장: 산다, 죽는다는 것의 의미

더불어 싸운다는 것 ·· 185

싸워서 자리를 만들다: 들뢰즈의 '사이에서 벌어지는 싸움' | 외부의 싸움과
내부의 싸움 | 타자와 함께 싸우다

올바르다는 것 ·· 194

진정한 올바름 같은 것은 없다 | 우리의 올바름을 지탱하는 것 | 타자가 일으키는
공진 | 작은 진동 하나로도 세계가 바뀐다 | 나는 타자로 더 강해진다 |
가면 뒤의 나를 잃어버리지 않으려면

올바르게 죽다, 올바르게 살다 ··· 213

우리는 죽어도 존재하기를 바란다 | 죽으면 편해진다는 말은 옳은가 |
올바르지 않은 자살 | 올바른 자살

세계를 만들다 ·· 228

세계를 떠맡는 자로서 살아가다 | 근거 없는 신념의 힘 | 타자의 힘 |
세계를 만드는 자로서 살아가다

마치며 ·· 239

주 ··· 242

주요 개념 ·· 244

옮긴이의 글 ··· 248

나의
문제란
무엇인가

무엇이 우리를
괴롭히고 있는가

이 책에서 다루는 큰 문제

우리가 직면하고 있는 문제는 무엇일까요? 물론 제 문제와 당신의 문제는 다르겠지요. 이 책은 저마다 직면한 문제를 스스로 풀어 가는 데 도움이 되려고 합니다. 그 문제 중에는 극단적으로 말해 죽음으로만 해결되는 것도 있고 그렇지 않은 것도 있겠지요. 그러니 구분할 필요가 있습니다.

직면한 문제를 풀어 나가고 해결하려면 도구가 필요합니다. 그런 도구로는 종교적 신앙심이나 마음을 터놓을 수 있는 우정 등 여러 가지가 있습니다.

이 책은 문제 해결을 위한 도구로 사고를 택했습니다. 특히 그중에서도 현대철학으로 분류되는 사고의 틀을 쓰겠습니다.

문제를 고민할 때 필요한 것이 논리입니다. 현대철학에서도 같습니다. 인간은 올바르려고 하는 존재입니다. 내 생각이 적어도 내게는 옳기 때문에 사람은 그 생각을 행동으로 옮길 수 있습니다. 올바르려고 하는 것은 인간의 특질이라고도 할 수 있습니다. 단, 이 올바름은 결코 도덕적이거나 윤리적인 의미에서 올바름이 아닙니다. 즉 사회가 권하는 올바름이 아니라 자기 내부의 **올바름**을 뜻합니다.

이 세계는 어지럽고 어수선합니다. 제정신보다 광기의 지배를 받고 있습니다. 썩은 내를 풍기는 오물투성이 웅덩이에 머리까지 푹 잠긴 상태와 같아 제정신을 유지하기가 쉽지 않습니다. 이런 세계에 살면서 올바르기까지 하기란 최근 들어 점점 더 어려워지고 있습니다. 이 썩은 사회에 잘 적응한 많은 사람은 우리에게 광기와 착란을 받아들이라고 권합니다. 그러면 편해진다고 그들은 말합니다. 이는 광기와 착란의 세계에 적응하고 살아가려면 스스로 제정신이기를 포기하는 수밖에 없다는 뜻입니다. 저는 그렇게 살아가는 사람들을 많이 알고, 그런 삶이 나쁘다고는 생각하지 않습니다. 하지만 그것은 우리에게 선택이 될 수 없습니다. 만약 그런 삶에 쉽게 적응할 수 있었다면 죽음을 생각할 필요는 없었을 테니까요. 이 책에서는 이런 세계에서 **어떻게 하면 올바름을 추구할 수 있는가**를 살펴보려고 합니다.

나와 세계는 함께 부패해 간다

무엇이 우리를 괴롭히고 있을까요? 이 문제를 생각하는 건 그리 간단하지 않습니다. 그래서 문제를 하나씩 풀어 나가야 합니다.

먼저 기본적인 문제를 같이 생각해 보겠습니다. 이 세계는 올바를까요? 만약 올바르다면 잘못된 것은 이 세계에서 괴로워하는 우리입니다. 아마 많이들 그렇게 생각하겠지요. 우리가 살고 있는 사회가 올바르고 거기에 제대로 적응하지 못해 괴로워하는 것은 그렇게 생각하는 내가 잘못되었기 때문이라고 말이지요.

하지만 분명 그렇지 않습니다. 사실 이 세계는 결코 건강하지도 않고 이상향도 아닙니다. 이는 신문에 잠깐 눈길을 줘도 누구나 알 수 있는 사실입니다. 신문에는 종종 선진국에서는 아무런 문제가 되지 않는 병으로 죽어 가거나 내일 끼니를 걱정하며 춥고 어두운 밤을 보내는 사람들에 대한 기사가 실립니다. 그 기사를 읽는 우리는 에어컨을 틀어 놓은 방에서 텔레비전을 보고 체중 조절을 핑계로 식사를 남기기도 합니다. 그리고 비참한 상황을 못 본 체하고 절대로 생각하지 않으려고 하면서 아무것도 하지 않은 채 하루하루를 보냅니다. 그리고 그런 자신을 무력하다고 생각하면서도 어쩔 수 없다고 포기하고 따뜻한 침대에서 잠을 청하며 아주 잠깐 반성합니다. 하지만 무엇을 어떻게 반성해야 할까요?

거시적인 부분만 부패하지는 않습니다. 매일 해야 하는 일, 회의, 사람들과 나누는 대화 등 우리가 우연히 만나는 현실의 많은 부분이 부패한 사회의 모습을 드러냅니다. 저는 논리의 전당이어야 하는 대학에서 일하고 있지만, 대학도 그런 면에서 별로 다르지 않습니다. 오히려 대학이 일반 사회보다 상황이 더 나쁠지도 모릅니다. 그리고 저는 어쩔 수 없는 일이라며 눈을 감고 생각하지 않으려고 합니다. 이것이 감출 수 없는 제 모습입니다. 저는 혼을 축소하면서 겨우겨우 살아갑니다. 이렇게 저는 더 부패해 갑니다. 그렇다고 끝없이 부패해 가지도 못합니다. 그러면서 부패에 저항한다고 내세우지만, 사실은 게으르기만 한 날들을 보낼 뿐입니다.

한편 이 세계에는 아름다운 부분, 아름다운 행위, 아름다운 정신도 있습니다. 아름다운 것만, 좋은 면만 보고 살아가기를 권하는 사람도 많습니다. 하지만 부패한 부분을 알아 버린 이상 아닌 척할 수는 없습니다. 아름다운 부분만 보려고 하거나 자신도 부패해 가는 방법을 통해 해결할 수 있는 경우도 있겠지만, 이것은 아슬아슬한 곡예와 같습니다. 그래서 이 책에서는 그런 해결책은 다 부정합니다. 우리는 올바름을 버리고 살아갈 수 없습니다.

우리는 적어도 현재 이 세계의 어떤 부분은 올바르지 않다는 사실을 압니다. 만약 올바른 부분과 올바르지 않은 부분으로 나눌 수 있다면 아마 올바른 부분은 아주 작을 겁니다. 더 정확히 말하자면

'나와 세계가 함께 부패해 간다'는 표현이 맞을 겁니다. '잘못된 것은 여기서 괴로워하고 있는 우리'라는 말이 늘 성립하지는 않습니다. 오히려 우리는 우리의 올바름 때문에 괴로워한다는 말이 더 맞겠지요. 이 책에서는 이 점에 대해 검토해 보겠습니다. 하지만 사실을 분명히 해 둘 필요도 있습니다. 이건 중요한 이야기니까 거듭하겠습니다. 이 세계는 결코 올바르지 않으며 여기서 괴로워하고 있는 우리가 잘못된 것이 아닙니다. 여기서 더 부패하지 않으려면 내가 부패하고 있다는 사실을 실감해야만 합니다.

자유와 억압

프랑스의 철학자 베유(Simone Weil, 1909~1943)는 고등학교의 철학 교사일 때 공장에 들어가 노동자로서 쓰라린 체험을 하며 자신의 사상을 갈고닦았습니다. 베유는 당시 공장 노동이 괴로운 것은 의지를 발휘할 기회가 없기 때문이라고 파악했습니다.

언제 어떤 순간에도 명령을 받을 준비가 되어 있어야만 한다. 타인의 의지로만 움직이는 물건이다. 인간이 자연적으로 물건이 될 수는 없고 채찍이나 쇠사슬같이 명백한 속박이 존재하지는 않기 때문에 스스로 몸을 굽혀 이런 수동성에 복종해야만 한다. 출퇴근 카드를 넣는

상자에 영혼을 잠깐 맡겼다가 퇴근할 때 되찾을 수만 있다면 얼마나
좋으랴! 하지만 그럴 수는 없다. 영혼을 작업장에 지니고 간다. 그리
고 그 영혼을 늘 침묵시켜야만 한다.[1]

베유는 이 책에서 노동에는 육체적으로는 힘들어도 정신적으로
는 그렇게 힘들지 않은 경우가 있다고 지적합니다. 예를 들어, 농
사에는 그때그때 판단이 필요하며 일하는 사람의 의지가 발휘될 기
회가 남아 있습니다. 하지만 베유가 체험한 공장 노동은 이런 의지
가 발휘될 기회가 거의 다 사라진 것이었습니다. 그곳에서는 복종
만 있고, 자신의 사고와 의지를 발휘할 기회가 거의 없었습니다.
의지가 복종을 강요당한다는 것은 굴복을 의미합니다. 이것은 영
혼에 견딜 수 없는 고통입니다. 그러니 공장에서는 어떻게 자신의
영혼을 축소할 것인가가 중요해집니다.

베유는 육체는 현재의 순간에 살지만, 정신은 시간을 지배하고
자유로이 편력하며 시간에 방향을 제시하는 것이라고 생각했습니
다. 그리고 공장에서는 시간이 초 단위로 지배되면서 정신이 드러
날 여지가 없다고 지적합니다.

우리는 시간의 흐름에 저항할 수 없습니다. 하지만 시간의 흐름
속에서 다음에 도래할 시점에 무엇을 할지 그려 보고 그대로 행동
할 수는 있습니다. 이것을 의지라고 하며 정신이나 영혼이라고도 부

룹니다. 즉 '영혼'이 있다는 것은 사람이 '시간을 지배할 수 있음'을 뜻합니다. 만약 다음 순간이나 다음 시간 단위에 발생하는 일이 자신의 의지와 아무 관계없이 일어난다면 사람은 순간을 살 수밖에 없습니다. 그럼 자유를 잃어버립니다.

게다가 베유는 또 다른 문제가 있다고 보았습니다. 그는 억압과 강제적 복종 때문에 인간의 영혼이 더는 기능하지 않을 정도로 작아지는 것을 몸소 겪었습니다. 그리고 이런 현상은 당시 공장에만 해당하지는 않습니다. 생산을 중시하고 사회적으로 어떤 역할을 하는 것을 중시하는 현대사회는 공장화되었다고 할 수 있습니다. 사람들은 이런 사회의 한구석에서 보잘것없는 역할을 계속 부여받고, 거기에 매달려 살아가고 있습니다. 우리의 영혼은 이런 상황에 계속 굴복하면서 자신도 모르는 사이에 작아집니다.

때때로 저는 이렇게 생각했습니다. 자신이 지닌 가장 좋은 것을 자기 손으로 압살하면서 자발적으로 굴종하기 위해 애써야만 한다면 외적인 강제에 따라, 예컨대 채찍으로 맞아 가며 굴종하는 편이 낫다.[2]

괴로워하지 않기 위한 유일한 방책은 무의식에 잠기는 것입니다. 많은 사람이 이 유혹에 어떤 형태로든 굴복하고 있습니다. 저도 종종 이 유혹에 졌습니다. 인간 존재에 어울리는 명석함과 의식과 자존심을 유지하는 것이 불가능하다고 할 수는 없지만 그것은 매일매일 절망을 이겨 내야만 하는, 형벌에 가까운 노고를 스스로에게 부과하는 것과 마찬가지입니다.[3]

배유의 지적은 오늘날 더욱 중요해지고 있다고 해도 과언이 아닙니다. 우리는 부패한 세계, 도저히 올바르다고 생각할 수 없는 세계에서 속박을 벗어나 자유로워지려고 합니다. 그리고 자유로워지려고 발버둥 치는 것이나 자유를 얻고자 하는 것 자체가 우리를 괴롭힌다고 할 수 있습니다.

우리에겐
어떤 무기가
있는가

교양은 자유로워지기 위한 기술

인간은 자유를 추구하는 존재입니다. 그래서 자유에 손상을 입었을 때나 억압과 속박을 느낄 때 괴로워합니다. 억압은 사회적 억압만 뜻하지 않으며, 자기 몸에서 오는 억압이나 자기 사고에서 오는 억압, 언어에서 오는 억압 등도 포함하는 개념입니다.

교양은 영어로 리버럴 아트(Liberal Arts)라고 합니다. 자유로운 시민의 지식과 기술이라는 뜻으로 쓰이는 말이지만, 넓은 의미에서 자유로워지기 위한 기술이라고 할 수도 있습니다. 교양주의의 문맥에서 볼 때 교양을 갖추는 것이 상류계급으로서 부끄럽지 않은 지식과 기술을 몸에 익힌다는 뜻이지만, 이런 의미로만 익힌 지식과 기술은 허세에 가까우며 실제로는 아무런 도움이 되지 않는 경우가 많습니다.

하지만 교양이란 본래 자유로워지기 위한 기술입니다. 그리고 철학은 그 기둥 가운데 하나입니다. 인간의 자유를 가장 상세하게 음미하고 검토해 온 분야는 분명 철학입니다. 따라서 철학을 포기한다는 것은 사고를 포기한다는 뜻입니다. 그리고 이것은 자유를 포기하는 것과 다름없는 어리석은 행위라고 할 수 있습니다. 우리가 가진 무기는 사고, 언어, 논리입니다. 우리에게는 이 밖에 다른 무기가 없습니다. 우리는 이 빈약한 무기로 어떻게든 싸워 나가야만 합니다.

속박에서 벗어나려면

그럼 이 무기들을 사용해 어떻게 속박에서 벗어날 수 있는가를 생각해 봅시다.

우리가 A라는 사물이나 제도의 속박에서 벗어날 방법은 하나뿐입니다. A를 소유하는 것입니다. 예를 들어, 돈의 속박에서 벗어나는 유일한 방법은 돈을 소유하는 것이겠지요. 완벽한 자급자족을 하는 집단처럼 돈이 존재하지 않는 공동체에서 사는 방법도 있지만, 이것은 현실적인 해결책이 아닙니다. 좁은 사회에 틀어박혀 돈의 존재를 모른 척할 뿐이기 때문입니다. 물론 돈의 속박을 느끼지 않는다면 속박에서 벗어나려고 할 필요가 없겠지요. 이와 마찬가지로 기술의 속박에서 벗어나려면 기술을, 학력의 속박에서 벗어나려면 학력을, 신체의 속박에서 벗어나려면 신체를 소유해야 합니다.

'소유한다'는 것은 권한을 갖는다는 뜻이기도 합니다. 즉 돈을 소유한다는 것은 돈을 소비할 권한을, 기술을 소유한다는 것은 기술을 쓸 권한을, 신체를 소유한다는 것은 신체를 이용할 권한을 갖는다는 뜻입니다. 예를 들어, 어떤 사람에게 자유롭게 1억 원을 쓸 권한이 있다면 그는 1억 원까지는 돈의 속박을 받지 않겠지요. 이것이 '자유'입니다.

사람마다 속박으로 느끼는 것들이 다르지만, 그것들을 소유하지 않는다고 해서 부자유하다고 할 수는 없습니다. 돈이 전혀 없어도 금전적으로 자유로운 사람도 있고, 기술이 없어도 기술에서 자유로운 사람도 있습니다. 이런 차이는 저마다 '이야기'가 다르기 때문에 생깁니다. ('이야기'에 대해서는 나중에 상세히 살펴보겠습니다. 일단 '사람이 살아가면서 따르는 행동 규범' 정도로 이해하기를 바랍니다.) 속박은 외부에 존재하면서 사람의 행동을 제한하는 것이 아닙니다. 그 사람이 채용하는 이야기가 수행되는 도중에 존재하는 벽을 가리킵니다. 그 벽이 존재하기 때문에 앞으로 나아가지 못하는 상태를 속박이라고 부를 뿐입니다. 예를 들어, 돈이라는 속박을 느끼고 있다면 이는 돈이 벽이 되어 방해한다는 이야기를 수행 중이라는 뜻입니다. 거꾸로 돈이 벽이 되지 않는 이야기를 수행 중이라면 돈은 속박의 요소가 될 수 없습니다.

사고하는 능력

철학은 사고하는 방법이나 틀을 제공합니다. 철학을 포기하는 것은 사고를 포기하는 것과 같다고 할 수 있습니다. 만약 사람을 속박하는 것이 사고라면 사고를 소유해야 문제를 해결할 수 있습니다. 물론 생각하는 것은 귀찮은 일이고 머리가 아프기도 합니다. 이렇게 생각하는 것 자체가 싫은 사람이라면, 그 사람을 괴롭히는 것은 사고일지도 모릅니다. 만약 그렇다면 그럼에도 생각하는 것(즉 사고를 소유하는 것)만이 속박에서 벗어나는 방법입니다.

다시 '돈의 속박'을 생각해 봅시다. 어떤 사람이 이 문제로 고통을 받고 있다면 대개 그 사람은 '돈 벌기 싫다', '돈 생각 하는 것 자체가 싫다'고 하겠지요. 고통의 근원을 멀리하려는 것은 자연스러운 반응입니다. 하지만 그래서는 문제를 해결할 수 없습니다. 돈의 속박에서 자유로워지려면 돈을 획득하는 것이 가장 효율적인 지름길이며, 또한 그 방법 말고는 해결책이 없습니다.

한편으로는 그 이야기를 버리는 방법도 있습니다. 돈을 획득하는 이야기를 포기해서 속박을 무의미하게 만드는 것입니다. 달리 말하자면, '돈을 획득해야만 도달할 수 있는 목표'를 포기한다는 뜻입니다.

'사고의 속박'은 어떨까요? 사고를 버리는 것은 아무것도 생각하지 않는다는 뜻이기 때문에 실현하기 힘들어 보입니다. 앞에서 말했듯이 사고라는 속박에서 벗어나려면 사고를 소유해야만 하기 때문입니다.

행복하게도 우리에게는 사고하는 능력이 있습니다. 여기까지 읽은 당신에게도 분명 그런 능력이 있습니다. 저는 이 책을 펼쳤다가 여기까지 읽지 못한 사람이 많다는 사실을 압니다. 그들에게는 제 이야기가 닿지 않겠지요. 이 책의 내용을 긍정하든 부정하든 간에 이해하는 사람은 사실 매우 한정되어 있습니다. 그러니 이왕 여기까지 읽었다면 다음 장도 봐 주지 않겠습니까?

나를
속박하는
것은
무엇인가

머리말에서 속박에서 벗어난다는 것의 의미를 생각했습니다. 이 장에서는 우리를 속박하고 있는 세 요소로 언어, 가치, 사회에 대해 생각해 보겠습니다.

우리는 언어로 이 세계를 인식하며 타자에게 무언가를 전달합니다. 언어는 우리에게 사고의 틀이자 편리한 도구인 동시에, 그 틀 바깥으로 나갈 수 없다는 의미에서 속박이 되기도 합니다.

또한 우리는 어떤 가치를 찾으며 이에 비춰 자신의 행동을 결정하고 선택합니다. 무엇에 가치를 두느냐는 사람마다 다르지만 자신이 중요하게 생각하는 가치 자체가 우리를 속박하기도 합니다.

게다가 사회라는 틀은 우리가 더 잘 살아가기 위해 구축한 것인데도 때로 답답하고 갑갑합니다.

물론 이것들이 때로는 속박 상태를 형성하지만 늘 그런 것은 아니고 우리가 더 잘 사는 데 도움이 되는 경우도 많다는 사실에 주의해야 합니다. 이 장에서는 언어, 가치, 사회가 어떤 때에 '속박'이 되고 어떤 때에 '자유로워지기 위한 무기'가 되는지 살펴보겠습니다.

언어에 대해

언어의 전제

우리는 언어를 써서 인식하고 사고하며 자기 의사를 전달합니다. 언어를 쓰지 않으면 인식도, 사고도, 의사 전달도 할 수 없습니다. 일반적으로 몸짓이나 태도 등 비언어적 의사소통도 '언어적 기호'(즉 언어)로 취급됩니다. 이렇게 언어의 틀 안에서만 인식하고 사고하는 것을 '언어의 전제(專制)'라고 부르기도 합니다. 즉 우리가 자유롭게 인식하고 사고하려고 하지만, 실은 언어라는 '제도'에 갇혀 있습니다. 전제라는 말에는 이런 느낌이 있습니다.

언어 기능의 중심에는 **분류**가 있습니다. 이는 언어가 우리가 지각한 것을 분류하는 데 쓰인다는 뜻입니다. 그러나 분류는 자유롭게 할 수 없습니다. 보통 이미 존재하는 어떤 개념에 들어맞는 방향으로 분류가 되기 때문입니다.

한편 새로운 개념에 대응하는 표현을 만드는 것도 허용됩니다. 예를 들어 '도저히 믿을 수 없다'는 개념을 더 강조하기 위해 '있을 수 없다'고 표현하기도 하고, '성가시고 초조하다'에 해당하는 개념으로 '짜증'이라는 표현을 만들기도 합니다. 물론 이런 표현은 비교적 새롭기 때문에, 그 개념의 내용은 고정되어 있지 않으며 사람에 따라 사용 방식이 다르다는 특징도 있습니다.

하지만 이는 드문 경우에 속합니다. 우리는 보통 유사한 것을 지각하면 같은 개념을 적용해서 이해합니다.

무언가를 배운다는 것

이에 대해 좀 더 자세히 설명하기 전에 다음 질문부터 보기를 바랍니다.

다음 보기에서 종류가 다른 것을 하나만 고르시오.
① 개미 ② 거미 ③ 나비 ④ 잠자리

정답은 물론 거미입니다. 거미는 다리가 여덟 개인 절지동물로서 거미류에 속하지만, 다른 셋은 같은 절지동물이라도 곤충류에 속하기 때문입니다. 이것은 초등학생도 아는 상식 문제입니다.

　그런데 유치원에 다니는 제 딸은 이렇게 대답했습니다.

　"정답은 개미예요. 개미는 제가 밟을 수 있지만 나머지 셋은 밟을 수 없으니까요."

　물론 안타깝게도 이건 정답이 아닙니다. '밟을 수 있는 것과 밟을 수 없는 것'이라는 판단 기준이 사실에 기초해서 틀린 것은 아니지만 지극히 주관적인 판단이라서 정답은 될 수 없습니다.

　앞의 네 생물을 분류하는 방법은 무한합니다. '날 수 있는 것과 날 수 없는 것', '겹눈인 것과 홑눈인 것' 등으로 분류할 수도 있습니다. 그러나 이런 분류는 '하나만'이라는 조건에 맞지 않아서 정답이 아닙니다.

　'애벌레일 때 물에서 사는 것'을 기준으로 삼으면 잠자리가 정답입니다. 또 개미만 군집 생물이므로 개미가 정답이라고 할 수도 있습니다.

　무언가를 분류하는 기준은 무한히 존재할 수 있습니다. 하지만 우리는 그중 자의적으로 어떤 '기준'만 선택하고 그에 따라 '분류'합니다. 그리고 정답으로 여겨지는 분류는 사회에서 일반적으로 쓰는 기준이나 사회에서 중요하다고 보는 기준이라는 사실로 뒷받침되고 있을 뿐입니다. 즉 우리가 무언가를 배운다는 것은 사회에서 중요시되는 분류 기준을 자기 것으로 삼는다는 것을 의미합니다. 사회의 분류 기준을 자기 것으로 삼으면서 우리는 아주 조금 자신을 죽이게 됩니다. 이를 우리는 '어른이 된다'거나 '사회화된다'고 합니다.

원래 어떤 분류 기준이든 가치는 같습니다. 가치의 중요도는 사회의 요청에 따라 매겨질 뿐이고, 이 사실이 근본적인 올바름을 결정하는 것은 아닙니다.

앞에 예로 든 문제에서 제 딸에게 중요한 기준은 내가 밟을 수 있는가 없는가입니다. 덧붙이자면 아마 이 생물들에게도 자기 다리가 몇 개인가보다는 자기가 어린아이에게 밟힐 수 있는 존재인가 아닌가가 훨씬 더 중요할 겁니다.

여기에서 근본적으로 올바른 분류란 상정할 수 없다는 사실을 알 수 있습니다. 분류는 늘 어떤 기준(중요도)에 기초하며, 앞의 문제를 예로 들자면 그렇게 대답해야만 시험에서 점수를 얻을 수 있는 것일 뿐입니다. 우리는 목적과 동떨어진 올바름을 획득할 수 없는 존재입니다. 그래서 '올바름'이란 늘 '무언가를 목적으로 삼는 올바름'입니다.

언어의 도그마성: 르장드르의 도그마 인류학

프랑스의 법사학자이자 정신분석가인 르장드르(Pierre Legendre, 1930~)는 "소를 연결할 때는 뿔을 이용하고, 인간을 연결할 때는 언어를 이용한다."라는 법철학자 루아젤(Antoine Loisel, 1536~1617)의 말을 인용해 언어를 쓰는 동물인 인간에 대해 고찰합니다.[4]

사람은 언어를 써서 세계를 인식합니다. 그리고 그 인식과 거기에서 도출되는 논리로 자신에게 바람직한 결과를 얻기 위해 행동합니다. 하지만 이때 논리란 아주 불완전하고, 언어를 통한 인식도 결코 완전하지 않습니다. 인간은 이렇게 한정된 기능을 갖고도 최선의 결과를 얻기 위해 행동합니다. 르장드르는 이에 대해 다음과 같이 말합니다.

달리 말하자면, 자기와 세계의 관계는 언어라는 스크린을 경유합니다. 인간의 정체성에는 여러 수준이 있는데, 제가 말하려는 것은 주관적인 정체성의 형성인 자기와 동일화, 그리고 세계의 소속과 명칭을 바르게 정하는 동정(同定) 및 세계와 동일화입니다. 언어라는 스크린은 이 모두에 해당하는 전제입니다.[5]

또 언어는 '분류' 기능과 '유대(紐帶)' 기능이 있다고 말합니다.

유대라는 개념에는 이중의 함의가 존재합니다. 우선 분류된 요소 사이의 관계라는 개념을 떠오르게 합니다. 즉 언어에 따른 분할을 생각해야 합니다. 그리고 유대라고 한 이상 구속을 말하기 때문에 결국 규범적인 것, 제정(制定)된 것이 문제가 됩니다.

그래서 말하는 동물이란 무엇인가라는 문제에 대한 분명한 답이 나옵니다. 즉 언어에 따라 분할된 동물이면서 제정된 동물이기도 하다는 사실입니다.[6]

여기에서 언어의 제도적인 측면을 생각해 둘 필요가 있습니다. 우리는 언어라는 도구를 써서 세계를 부분적으로 인식합니다. 세계뿐만 아니라 우리 자신조차 언어를 통해 인식합니다. 이것이 '아이덴티티, 즉 자기 동일성'으로, '우리는 무엇이며 무엇이 아닌가'를 결정합니다. 이때 우리가 쓰는 언어라는 도구는 어떤 문화를 통해 형성된 것입니다. 언어의 이런 면을 르장드르는 '도그마성'이라는 개념을 써서 검토했습니다.

도그마란 교조(敎條)로 번역되는 개념이며, 아무 근거도 없이 굳게 믿는 인식의 틀을 가리킵니다. 예를 들어, 교조주의는 어떤 말이 담고 있는 내용을 음미하거나 검토하지 않고 곧이곧대로 믿는다는 뜻으로 사용됩니다. 르장드르는 다음과 같이 말합니다.

도그마적 차원, 이것은 허구가 지탱하는 명징성의 차원, 사람이 그것이 진실이라고 인정하는 데 아무런 증거도 필요하지 않을 만큼 강력한 명징성의 차원입니다.[7]

거울을 보면 사람은 자신의 모습을 인식하고, 꿈을 꾸면 그것이 자기가 꾸는 꿈이라고 생각합니다. 그런 명징성이 있습니다. 이와 마찬가지로 오늘날까지 살아남아 있는 커다란 의례적 전통의 차원에서 말하자면 각 주체는 자신이 인간의 이미지, 자신의 이미지를 어떤 **텍스트**, 어떤 **거울** 안에서 발견하는가를 알고 있습니다.[8]

우리는 이렇게 자기 자신조차 문화 안에서 형성된 제도적 인식의 틀을 통해 인식합니다. 하지만 이는 결코 부정되어야 하는 것이 아닙니다. 르장드르는 이 도그마성을 인식하고, 그럼으로써 무엇을 할 수 있을지를 생각해야 한다고 지적할 뿐입니다. 언어를 통한 인식의 차원은 도그마적이면서도 유대를 형성합니다. 하지만 사회는 도그마성을 부정적인 요소로 보고 줄곧 버리려고 하기도 했습니다. 물론 도그마성의 제도적 측면이 강조되면서 종종 전체주의적 사상과 결부되었다는 사실에는 충분히 주의를 기울여야 합니다. 하지만 그 반동으로서 개인주의가 확대되었다는 사실에도 충분히 주의를 기울여야 한다고 르장드르는 경고합니다.

현재 개인주의는 대규모로 확대된 나르시시즘으로 기능하고 있습니다. 영화감독 빔 벤더스의 표현을 빌리자면 개인은 '작은 국가'가 되었습니다(《베를린 천사의 시(Der Himmel über Berlin)》). 즉 자기 혼자서 모든 것인 듯한 존재, 거울의 논리에서 해방된 신과 같은 존재가 된 것입니다.

이는 주체와 사회가 대규모로 붕괴하는 현상으로 귀결됩니다. 인간의 도그마적 차원이라는 주제는 이 현상에 대해 숙고하기를 우리에게 권합니다.[9]

'거울의 논리'란 우리가 거울에 비치는 자기상을 파악해 자기를 인식하는 것을 의미합니다. 물론 우리가 그렇게 인식할 때 사용하는 것이 언어입니다. 그때 우리는 도그마에서 순수한 의미로 자유로워질 수는 없습니다. 도그마에서 자유로워지려면 언어의 도그마성을 인식하고 그것을 소유해야만 합니다.

자유롭게 사고하려면

우리는 사회의 분류 기준을 무시하고 살 수 없습니다. 인간은 군집성 동물이며, 공동체를 만들어 생활하는 생물입니다. 사회에서 살아가려면 사회의 분류 기준을 자기 것으로 삼아야 합니다. 그렇게 해야 대화를 나눌 수 있고 의사소통이 더 간단해지겠지요.

그런데 '다른 사람들이 생각하는 것처럼 생각한다'는 것은 아주 중요하지만, 한편으로 '다른 사람들이 생각하는 대로만 생각하게 되는' 상황을 일으킵니다. 이때 사람은 언어의 속박 또는 언어의 전제를 실감합니다. 그렇게 되지 않기 위해서라도 사회의 분류 기준은 편의적인 것에 불과하다는 사실을 분명히 파악해야 합니다. 언어란 우리가 함께 살아가기 위한 기본적인 제도입니다.

그리고 우리는 가능한 한 자신을 죽이지 않고 사회의 분류 기준을 따라야 합니다. 이때 언어 세계의 주인은 자기 자신이라는 의식을 가져야 합니다. 언어는 우리를 속박하기 위해 존재하지 않습니다. 언어는 인식의 도구이자 의사 전달의 도구이며 사고의 도구입니다. 언어가 전달의 수단일 때는 우리가 사회의 분류 기준을 따라야 합니다. 하지만 언어가 인식과 사고의 수단일 때는 반드시 사회의 분류 기준을 따를 필요가 없습니다. 그럴 때는 자유롭게 인식하고 자유롭게 사고해야 합니다.

앞서 말한 것처럼 우리가 언어를 인식과 사고를 위한 도구가 아니라 전달을 위한 도구로만 쓰는 데서 문제가 생기기 때문에, 이두 용도를 명확히 구별할 수 있다면 속박에서 벗어날 수 있을 겁니다. 하지만 이는 결코 쉬운 일이 아닙니다.

여기에서 우리의 사고와 인식은 그저 사고하고 인식하는 것 자체를 목적으로 하는 것이 아니라 가치라는 기반 위에 존재하는 행위라는 사실에 주의해야 합니다. 또 우리는 언어로 어떤 가치를 실현하려고 합니다. 다음 절에서는 가치에 대해 생각해 보겠습니다.

가치에 대해

도덕은 어떻게 형성되는가

가치란, 우리가 '옳고 그름'을 판단하는 기준입니다. 물론 미(美)와 추(醜), 뛰어남과 평범함을 가릴 때도 가치가 판단의 기초가 됩니다. 그리고 옳고 그름을 가리는 가치판단의 기준이 되는 가치관과 규범을 도덕이라고 합니다. 여기서는 도덕이 형성되는 구조에 대해 생각해 보겠습니다. 왜냐하면 도덕이라는 가치가 우리를 속박할 때가 있기 때문입니다.

도덕은 원래 우리 마음에 존재하는 감정이나 생각이 아니라 우리가 살아가는 사회에서 배우는 것입니다. 도덕은 대체로 규범의 내재화라는 과정을 거쳐 우리 마음에 형성됩니다. 도덕은 우리가 소속된 사회에서 오랫동안 지켜진 규범과 규칙이기 때문에 분명 중요합니다. 하지만 사회는 변하고, 그에 따라 규범과 규칙도 변합니다. 과거에는 부도덕하다고 여겼지만 오늘날에는 당연시되는 일들을 비교적 쉽게 찾아볼 수 있습니다. 일본에서도 자살을 부도덕하기는커녕 무사 계급의 미덕으로 생각하던 시대가 있었습니다. 자살이 부도덕하다는 관점은 기독교적 가치관에 바탕을 둔 경우가 많은 듯합니다. 그런데 기독교에서는 오랫동안 자살을 금지하지 않았습니다. 영국의 작가이자 시인인 알바레즈(Alfred Alvarez, 1929~)는 다음과 같이 말합니다.

> 자살이 죄라는 개념은 기독교 교리에서 아주 늦게 나타나는 데다 일종의 대증요법이었다고 해도 좋다. 교회는 6세기에 처음으로 이를 금지했고, 성서에 단 한 군데 나오는 전거는 '살인하지 말라'는 십계명 가운데 여섯 번째 계명이었다. 주교들은 아우구스티누스의 말에 따라 자살을 철저히 비판하기 시작했다. 하지만 루소가 말했듯이 아우구스티누스는 성서가 아니라 플라톤의 『파이돈』에 따라 논증했다. 초기 기독교에서 자살 예찬 풍조가 눈에 띄게 만연하자 아우구스티누스의 주장은 더욱 격렬해졌다.[10]

여기서 알바레즈는 기독교 사상이 처음부터 자살을 부도덕하다거나 죄로 생각하지는 않았음을 지적합니다. 적어도 기독교는 자살을 결코 윤리적으로 부정하지 않았고 필요에 따라 금지했을 따름입니다.

　다음 절에서 검토하겠지만 자살은 부도덕하다는 생각이 비논리적이라기보다 **도덕 자체에 논리성이 있지는 않다**고 보는 것이 타당합니다. 우리는 길에 쓰레기를 버리면 부도덕하다고 보는데, 이는 길에 쓰레기를 버리는 것 자체가 근본적으로 나쁜 일이기 때문이 아닙니다. 우리 사회에 길에 쓰레기를 버리면 안 된다는 규범이 있고, 이것이 우리 내부에 형성(내재화)되어서 길에 쓰레기를 버리는 것은 부도덕하다는 감각이 생겨난 것입니다. 그리고 이런 규범이 생겨나는 데는 사람은 내버려 두면 길에 쓰레기를 버리는 존재라는 인식이 전제되어 있습니다. 이와 마찬가지로 자살이 규범으로 금지되고 이것이 내재화되어 도덕이 된 데는 사람은 내버려 두면 자살하는 존재라는 인식이 전제되어 있습니다.

처음부터 존재한 도덕은 없다: 니체의『도덕의 계보』

　어떤 도덕도 처음부터 도덕이었던 것은 아닙니다. 널리 일반적으로 행해지는 것을 어떤 이유에 따라 금지하기 위해 먼저 규제가 만들어지고, 그 규제가 고정되면서 내재화됨에 따라 도덕이 되어 갑니다. 예를 들어 도둑질이 부도덕으로 여겨지는 건 도둑질이 일반적으로 행해지던 일이기 때문이고, 불륜이 부도덕으로 간주되는 건 사람은 내버려 두면 불륜을 저지르기 때문입니다. 그리고 도덕의 전 단계인 규범은 각 사회나 조직이 그런 상태를 방치하면 안 된다고 생각하면서 만들어진 것입니다.

독일의 철학자 니체(Friedrich Wilhelm Nietzsche, 1844~1900)는 『도덕의 계보(*Zur Genealogie der Moral*)』에서 기독교적 가치관의 문제점을 지적했습니다. 그의 논리 전개를 간단히 항목화해서 보겠습니다.

① 우선 힘 있는 자는 악이라고 생각했다.
② 그 반대로 약한 자는 선이라고 생각했다.
③ ①에 따라 힘을 자신을 위해 쓰는 것, 즉 이기적인 행위는 악으로 여겼다.
④ ③에 따라 이타적·비이기적 행위가 선으로 여겨지게 되었다.

니체는 기독교에서 이렇게 논리가 전개된 원인을 르상티망(원한·반감)에서 찾습니다. 즉 박해를 받아 원한을 품게 되면서 힘을 가지고 그것을 행사하는 존재를 악으로 여긴 것입니다. (제정 로마 초기인 313년에 콘스탄티누스 황제가 밀라노 칙령을 반포해 합법화될 때까지 그리스도교는 로마 제국의 박해를 받았습니다.) 그리고 이런 생각은 서양 문명에 자리한 가치관의 근간을 형성할 만큼 널리 보급되어 갔습니다.

자기 이익 추구를 죄악시한 기독교

앞의 논리 전개에 따라 기독교에서는 이웃에 대한 사랑이라는 개념이 중심에 자리 잡습니다. 물론 이것은 결코 나쁘지 않습니다. 서로 돕고 다른 사람을 위하는 것은 분명 좋은 일입니다. 하지만 이와 마찬가지로 자신을 위하는 것, 자신을 행복하게 만드는 것도 좋은 일입니다.

하지만 니체는 기독교가 자신을 위하는 행위를 힘을 드러내는 것으로 여기면서 기피하게 되었다고 지적합니다. 그리고 이는 결코 원시기독교에 있던 가치관이 아니고, 나중에 교회 권력이 구축한 것이라고 말합니다.

러시아의 문호 톨스토이(Lev Nikolaevich Tolstoy, 1828~1910)는 원시기독교의 정신을 주의 깊게 독해했습니다. 그의 책 『요약복음서 (*The Gospel in Brief*)』*에서 이야기하는 '그리스도의 말'은 니체의 지적을 받을 이유가 없는 것들입니다. 톨스토이는 복음서에 실린 '말씀에 따라 살라', '빛과 더불어 살라', '생명의 근원인 성령에 따라

---

* 『톨스토이 성경』(강주헌 옮김, 작가정신, 1999) ― 옮긴이.

살라' 등이 인간이 행복해지는 길임을 말한다고 해석합니다. 스피
노자(Baruch de Spinoza, 1632~1677)가 『에티카(*Ethica*)』에서 말한 것
도 톨스토이와 같은 관점에 기초한다고 할 수 있습니다.

하지만 스피노자도 톨스토이도 교회에서 파문당했습니다. 여기
서 톨스토이와 스피노자의 (그리스도'교' 해석이 아니라) 그리스도
해석은 당시 교회에서 기피해야 하는 것이었다는 사실을 알 수 있
습니다.

앞에 말한 알바레즈는 『자살의 연구(*The Savage God: A Study of
Suicide*)』에서 기독교의 문제점을 지적합니다. 인간이 자기 행복을
위해 행동하는 것은 당연한데도 이를 제한하려고 한 데 문제가 있
다는 것입니다. 인간은 행복을 추구하는 존재입니다. 하지만 기독
교는 자기 행복을 (직접적으로) 추구해서는 안 된다고 말합니다.
일반적으로는 이런 명령에 따를 수 없습니다. 하지만 우주에 절대
자가 존재하고 이 절대자의 의지로서 이를 명령한다면 인간은 그
것을 따라야만 합니다. 여기에서 앞에 나온 ①에서 ④까지의 논리
에 이어 다음과 같은 논리가 전개됩니다.

⑤ 개인의 이익 추구는 힘을 드러내는 것이므로 자기 이익을 추
구하는 인간이라는 생명체는 죄가 깊은 존재다.

⑥ 이타적·비이기적 행동(보답을 바라지 않는 사랑)이야말로

신의 의지다.

여기에서 절대화의 단서를 찾아볼 수 있습니다. 예를 들어, 어떤 생각 A를 '선'으로 보고 B를 '악'으로 보려면 어떤 근거가 필요합니다. A라는 행위가 좋은 결과를 가져오기 때문이라든가 B라는 행위가 나쁜 결과를 가져오기 때문이라는 이유를 들어 판단하는 방법도 있겠지만, 이런 식으로는 행동하기 전에 선악을 판정할 수 없습니다. 선악은 결과가 아니라 행동의 성질이나 종류에 따라 판정되어야 합니다. 우리가 행동하기 전에 선악을 판정해야만 좋은 행위를 하고 나쁜 행위를 피할 수 있기 때문입니다.

그런데 선악의 판단은 매우 어려운 문제를 포함합니다. 하물며 니체에 따르면, 기독교에서 선악은 르상티망 때문에 발생하는 개념이기 때문에 거기에 이유 같은 것이 있을 리 없습니다. 내 적이니까 악일 뿐입니다. 그래서 반드시 절대적인 무언가를 상정해야 합니다. 그것이 원죄이며 신입니다.

이런 가치관이 침투한 배경으로 인간의 논리적 구조가 그런 사고방식에 아주 익숙하다는 사실을 알아야 합니다. 인간은 동물이면서도 언어를 가지며 논리를 사용할 수 있습니다. 즉 인간은 이기적으로 행동하는 동물이라는 측면을 때로는 계속 부정하면서 언어를 통해 살아가는 존재입니다. '언어'(즉 성령이자 정신)를 통해 살

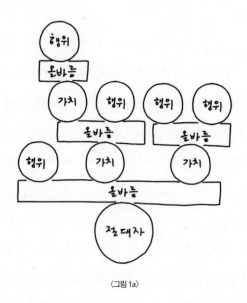

〈그림 1a〉

아가야 행복해진다는 것이 톨스토이의 해석이지만 이를 강제할 수는 없습니다. 자기 의지로 선택해야만 하는 것입니다.

이에 대해 니체는 신의 의지라는 개념으로 절대화를 꾀한 점이 문제라고 말합니다. 절대화란 논리의 기반을 부여한다는 의미입니다. 논리라는 것은 무한히 후퇴합니다. 즉 A가 옳으려면 그 전제가 되는 B가 옳아야 하고, B가 올바르려면 그 전제가 되는 C가 옳아야 하고, C가 올바르려면 다시 D가 옳아야 하는 식으로 올바름의 기반은 끊임없이 후퇴합니다.

〈그림 1a〉처럼 어떤 행위가 올바른가를 판정하려면 그 판단 재

료로 가치가 필요합니다. 하지만 그 가치가 올바른가도 문제입니다. 그렇다면 이 문제를 판단하기 위한 또 다른 가치가 올바른가를 살펴야 합니다. 이런 무한 후퇴에 쐐기를 박을 수 있는 것이 '절대화된 개념'입니다. 절대화된 개념은 올바름의 궁극적인 기반입니다. 왜 그것이 옳은가라는 물음에 그것이 신의 의지라고 대답하면 문제가 해결되기 때문입니다.

니힐리즘의 탄생

절대화, 궁극의 기반이라는 개념의 발명은 아주 뛰어난, 아슬아슬한 곡예와도 같았습니다. 그리고 절대자인 신의 의지인 이타적 행동은 차츰 사람들에게 내재화되어 도덕이 되어 갔습니다. 이는 절대적으로 올바른 무언가가 존재할 것이라는 신념의 산물이었다고 할 수 있을 것입니다.

인간은 물질이며 동물이기도 합니다. 따라서 당연히 이기적으로 행동하는 경향이 있습니다. 그래서 그런 경향을 억제하고 타자를 배려하며 타자와 더불어 살아가는 것이 중요하다는 생각 자체는 칭찬받아야 하며 결코 부정할 일이 아닙니다. 하지만 '왜 그렇게 살아가야만 하는가'라는 물음에 답하기 위해 절대자를 상정한 것이 문제라고 니체는 지적합니다.

사람은 어떤 경우에는 이기적으로 행동하고 다른 경우에는 이타적으로 행동하는 존재입니다. 이기적인 행동과 이타적인 행동은 결코 모순되는 개념이 아닙니다. 이 중 하나만 채용할 수는 없습니다. 물론 이기와 이타는 대립되는 개념이지만 어떤 때에는 이타적으로 행동하고, 어떤 때에는 이기적으로 행동하는 것은 결코 모순되지 않습니다.

여기에서 이기적인 행동이 힘의 발현으로 여겨진 것을 떠올리면 좋겠습니다. 게다가 힘 있는 자는 악이라는 전제에 따라 이기적인 행동이 곧 힘의 발현이며 악으로 여겨졌다는 사실에도 주의를 기울여야 합니다. 여기에 논리의 비약이 있기 때문입니다. 힘 있는 자가 악이라는 사실과 힘의 발현이 악이라는 사실은 서로 아무런 관계가 없습니다. 앞서 말했듯이 여기에서 힘 있는 자란 기독교를 박해한 제정 로마를 가리킨다고 니체는 지적합니다. 힘 있는 자와 힘의 발현은 결코 같지 않습니다. 그럼에도 힘 있는 자를 악이라고 부정하기 위해 힘의 발현을 악으로 보고, 이기적인 행동을 힘의 발현과 같은 것으로 보며 부정했다고 니체는 말합니다. 이에 따라 모든 이기적인 행동이 악으로 여겨졌습니다. 하지만 앞서 말한 것처럼 원래 인간은 이기적으로도 행동하는 존재입니다. 그래서 이기적인 행동을 규범으로 금지하게 되었고, 그 기반으로 절대자가 상정됩니다. 이렇게 절대자의 의지에 따르는 것이 올바름을 추구하는 것이라는 가치관이 사회에 넓고 깊게 침투하게 되었습니다.

그런데 그 뒤 상황이 변하기 시작합니다. 과학이 탄생하면서 절대자로서 신의 존재가 의문시되기 시작합니다. 하지만 절대자·절대적인 의지의 존재 자체를 부정하는 데까지 이르지는 못했습니다. 니체는 그때까지 절대자로 군림하던 신을 대신해 그 자리에 진리가 놓이게 되었다고 설명합니다. 과학주의는 오랫동안 기독교적 가치관의 중심으로 존재하며 인간에게 삶의 의미와 삶의 목적을 부여한 신과 성령 같은 개념을 부정합니다. 이렇게 이 개념들은 의미를 잃어 갔습니다. 니체의 지적에 따르면, 이렇게 **니힐리즘**이 탄생합니다. 니힐은 라틴어로 무(無)를 의미합니다.

그런데 이 과정의 논리 전개는 의미 같은 것은 존재하지 않는다는 형식에 따른 것이 아니라, 지금까지 믿고 있던 의미 같은 것은 원래 존재하지 않았다는 형식을 취하게 되었습니다. 이것이 '허무주의, 즉 니힐리즘'의 완성형입니다. 즉 니힐리즘이란 결코 아무것도 믿지 않는다는 것이 아니라, 믿어야 하는 것이 원래 존재하지 않았다는 것을 뜻합니다.

니체가 신은 죽었다고 지적한 뒤에는 〈그림 1a〉의 '절대자' 자리에 〈그림 1b〉처럼 '진리'가 놓이게 되었습니다. 하지만 현대에는 절대적인 진리의 존재 자체가 부정됩니다. 또 진리 같은 것은 존재하지 않는다는 지적 뒤로 진리의 자리에 '사회'나 '마음'이 놓인 시

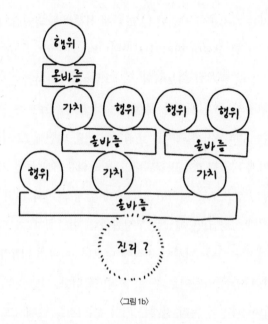

기도 있습니다. 하지만 그 자리에 무엇을 놓든 결국 신을 대체하는 절대자를 상정하는 것에 불과합니다. 절대적으로 옳은 것이 존재할 것이라는 기묘한 신념은 현대에도 남아 있습니다. 그리고 니체는 그런 신념이야말로 기독교적 가치관의 연장선상에 있다고 말했습니다.

니체는 현대의 허무주의(니힐리즘)는 기독교적 가치관이 무너지면서 생겨난 것이 아니라 기독교적 가치관에야말로 허무의 근원이 있었다고 지적합니다. 그리고 우리는 오늘날에도 그런 사고방식에 묶여 있습니다.

자기 긍정을 '선'으로 여기다

선악의 판단 기준에 대한 이야기로 돌아가겠습니다. 성직자적인 선악의 판단 기준에 대비되는 것이 귀족적·기사(騎士)적인 판단 기준입니다. 니체에 따르면 귀족적인 가치판단에서는 힘을 갖는 것, 창조적인 것, 삶을 즐기는 것이 기본적인 선으로 여겨집니다. 즉 자기를 긍정하는 것이 '선'이라는 뜻입니다.

단, 이를 실현하려면 끊임없이 힘들게 노력해야 합니다. 예를 들어 전쟁, 격투, 모험이나 탐험, 사냥처럼 갈고닦은 힘을 드러낼 때 성공과 실패가 명확히 드러나는 것들에서는 승리, 극복, 성취가 '선'이며 고귀함으로 여겨집니다. 당연하게도 패배, 포기, 연약함은 '악'으로 여겨지고 저속한 것으로 다뤄집니다. 이것을 향락적이라고만 볼 수는 없으며 삶의 기쁨을 누리려면 죽음을 각오해야 함을 뜻합니다. 죽음을 두려워하지 않는 용감한 행동, 불명예를 수치로 여기는 것(불명예는 죽음으로 대신한다고 생각하는 것)이 필요했다는 의미에서 격렬한 삶의 방식이었다고도 할 수 있습니다. 또 능력 있는 사람이 그 능력을 더욱 연마하고 힘을 행사해 자신을 어떤 존재로 만들어 나가는 삶의 방식으로서 로마적인 삶의 방식이라고 할 수도 있습니다.

하지만 현대사회에서 이런 삶의 방식을 엄격하게 따르는 사람은 그다지 많지 않습니다. 이 가치판단에 따르면 죽음은 싸움의 결과이거나 불명예를 대신할 때는 긍정됩니다. 로마적 가치관으로 보면, '약함에서 비롯한 죽음'은 기피되지만 '불명예보다는 죽음'을 선택한다는 의미에서 자살이 긍정됩니다. 이런 가치와 도덕이 형성되는 바탕이 사회입니다. 다음에는 사회에 대해 살펴보겠습니다.

사회에 대해

'살려 두는' 것이 정치의 기본 원리: 푸코의 생명정치

우리를 속박할 가능성이 있는 것은 언어와 가치만이 아닙니다. 우리는 개별적으로 살아가는 존재가 아니라 이런저런 집단에서 역할을 부여받고 타자와 함께 살아가야 하는 존재입니다. '삶의 방식'이나 '존재 방식'은 사회라는 틀에 따라 결정된다고 생각될 때가 있습니다. 과연 이 사회는 우리가 더 잘 살아가기 위한 목적으로만 형성되어 왔을까요? 만약 그렇다면 왜 우리는 갑갑함이나 답답함을 느낄까요?

프랑스의 철학자 푸코(Michel Foucault, 1926~1984)는 계속 살려 두는 것을 기본적인 수법으로 채용하는 정치를 **생명정치**라고 표현했습니다. 생명정치의 기본 원리는 살려 두는 것이고, 이 원리에 따른 시책이 실행됩니다. 여기서 살려 둔다는 것은 '신체를 살려 둔다'는 의미입니다. 즉 생물학적인 '생명'을 지속하고 유지하기 위해 다양한 정치적 방법을 쓰는 것이 현대 정치의 기본 수법이라는 뜻입니다. 그리고 살려 둔다는 말은 관리를 위한 궁극의 어휘로서 의미를 갖습니다.

푸코는 『감시와 처벌(*Surveiller et punir*)』, 『임상의학의 탄생(*Naissance de la clinique*)』 같은 책에서 관리의 구조가 결코 특수한 장소에서만 발생하지는 않으며 근대 이후 사회에서 공장, 병원, 학교, 군대 등 다양한 조직에 깊이 침투해 실현되고 있다고 지적합니다. 이 조직들에서는 기능적인 것과 생산에 도움이 되는 것이 가치 있고, 따라서 신체를 기능적인 상태로 유지하는 것이 바람직하다고 여겨집니다. 이때 정치는 생명의 소중함과 건강이 중요한 가치를 형성한다면서 이를 건강관리, 복리 후생, 인구 동태의 파악이라는 구체적인 방책으로 실현합니다. 관리하는 쪽(정치)과 관리되는 쪽(시민)의 관계는 나(관리하는 쪽)와 몸(관리되는 쪽)의 관계의 확대판이기도 합니다.

이런 생명정치의 가치관은 우리(관리되는 쪽)에게 내재되어 갑니다. 즉 건강함과 기능적인 것이 중요하다는 가치관이 우리 내부에 강력하게 형성됩니다. 그래서 (기능적 몸인) 젊음이 가치를 갖고, 늙음과 병 등은 악으로 여겨집니다. 그 결과 우리는 몸을 살려 두는 것이 중요하다고 생각하고, 몸을 좋은 상태로 유지하려고 매일 노력합니다. 물론 이 자체는 결코 부정적으로 볼 수 없습니다.

하지만 이런 가치관은 우리 마음이나 영혼에 원래 존재했다기보다는 사회가 주입한 것에 지나지 않는다는 사실에 주의해야 합니다. 이 사회에서 가치 있는 것은 사회가 요구하는 인간상을 훌륭히 연기하는 것과 마찬가지입니다. 이는 생산과 관리를 위한 것이기도 합니다. 즉 극단적으로 말하면 앞장서서 사회의 노예가 되는 것과 마찬가지입니다.

사회에서 유용한 배역을 연기한다, 이것이 행복이라는 생각을 부정하지는 않습니다. 하물며 노예 같은 인생이라고 지탄할 생각도 없습니다. 그런 삶의 방식도 충분히 훌륭하다고 생각합니다. 하지만 그것이 결코 궁극적이며 유일한 가치는 아닙니다. 다른 삶의 방식도 있습니다. 그러니 사회에서 즉각적으로 유용하지 않은 배역을 연기하는 사람들이 지탄받을 이유는 없고, 오히려 이런 이들이 필요하다고 생각합니다.

현대사회는 결코 건강하지 않고 결코 이상향도 아닙니다. 이 사회에 적응하고 있는 사람들로만 세계가 구성된다면 사회를 더 나은 방향으로 바꾸는 힘이 상실됩니다. 푸코가 지적하는 생명정치가 이 사회의 핵심으로 존재한다면 더욱 그렇겠지요. 거꾸로 생각하면, 이 사회에 적응하지 못하는 사람들만이 이 사회를 바꿀 힘을 구성한다고 할 수도 있습니다.

죽일 수 있지만 죽이지 않는다

정치의 목적은 관리고, 정치를 하는 사람들의 큰 목적 중 하나는 자신들이 관리자가 되어 그에 따른 힘을 소유하는 것입니다. 이때 세계를 좋게 만든다거나 사회를 좋게 만든다는 사고의 틀은 그들의 안중에 없는 것 같습니다.

일찍이 왕권 신수 시대에 민중의 관리자인 왕의 힘은 신에게서 받은 것이었습니다. 하지만 근대로 접어들면서 신의 존재를 그런 위치에 둘 수 없게 되자, 관리자들이 새로운 관리의 근거를 찾았습니다. 이 단계가 푸코가 말하는 생명권력입니다. 이 권력은 살려 두느냐 죽이느냐를 결정할 수 있다는 것을 배경으로 발생했습니다. 물론 이는 국가권력이 소유한 폭력이 뒷받침하지만, 이런 사실이 전면에 드러나지 않아도 상황은 같습니다. 잠재적으로 살려 둘 수 있는 위치에 있다는 것이야말로 힘의 원천입니다.

그런 권력의 존재가 부정되고 민주적으로 선출된 관리자들이 하는 정치라는 개념은 20세기 이후에 생겼습니다. 하지만 포장만 새롭게 바꿨을 뿐, 내용은 사실상 같았습니다. 즉 죽일 수 있다는 위치를 살려 둘 수 있는 위치로 말만 바꿨을 뿐입니다. 그리고 살려 둔다는 것을 궁극의 어휘로 삼아 관리자의 힘을 드러내는 새로운 구조가 생겼습니다.

여기에서 '생명권력'과 '생명정치'가 같은 것이며 형태만 다르다는 사실에 주의해야 합니다. 즉 생명권력에서는 (죽일 수 있지만) 죽이지 않는 것이 중요했다면 생명정치에서는 (살려 둘 수 없지만) 계속 살게 하는 것이 중요해졌을 따름입니다. 죽일 수 있지만 죽이지 않는 것을 왕의 자비라 부르고, 그 자비를 입은 자들은 왕에게 감사하고 존경을 표시하기까지 했습니다. 이것이 충성심을 길렀으며, 지금까지 오랜 세월에 걸쳐 이 세계를 지배한 기본적 가치관(적어도 상층 계급의 가치관)의 원천이 됩니다.

근대 이후 정치는 이것이 미묘하게 모습을 바꿔 살려 둘 수 없는데도 계속 살게 하는 것이 중심에 놓였습니다. 현대사회를 잘 관찰하면 이 사실을 쉽게 알 수 있습니다. 통치되는 자, 관리되는 자를 살리기 위한 정치 같은 것은 없습니다. 우리는 법과 제도의 속박을 받으며, 살아가는 데 필요한 최소한의 돈마저 세금으로 징수당하고, 그 세금은 군대 유지비나 공무원의 퇴직금과 그들을 위한 시설비로 야금야금 쓰이거나 공무원과 정치가가 자신들의 힘을 과시하고 유지하는 데 쓰입니다. 한편 출생률과 사망률을 조사하고 건강하게 살아가는 데 해가 되는 담배와 술에는 무거운 세금이 부과됩니다. 우리는 그저 세금을 내기만 하는 존재로, 또는 선거에서 한

표를 던지는 우민으로 살려 두는 자들일 뿐입니다.

반론이 많을 겁니다. 하지만 반론하는 사람들에게 묻고 싶습니다. "현재 정치나 정책의 어디에 우리를 '살리는' 요소가 있습니까?" 물론 여기에서 살린다는 말은 저들의 정치적 목적과 달리 유의미하게 살아가기 위한 바탕을 만든다는 것을 뜻합니다.

이런 사회에서 우리가 더 나은 삶을 살 수 없는 것이 오히려 당연하다고 할 수 있습니다.

틀에서 빠져나오려면

우리가 이런 사회의 커다란 힘에만 속박된 것은 아닙니다. 일상적으로 주고받는 대화에도 속박의 원인을 포함하는 사고방식이 드러날 때가 있습니다. 이는 궁극의 선택이라는 노골적인 형태로 나타나기도 합니다. 궁극의 선택이란 짓궂은 농담 같은 것입니다. 예를 들면, "똥 맛 카레와 카레 맛 똥 중 어느 것을 먹을 것인가?" 그리고 "토사물로 가득 찬 목욕탕과 똥으로 가득 찬 목욕탕 중 어느쪽에 들어갈 것인가?" 같은 질문입니다. 물론 이런 질문에 답할 수는 없습니다. 둘 다 싫으니까요. 따라서 궁극의 선택은, 틀을 설정하고 한쪽을 선택하지 않으면 죽이겠다는 식의 강압적인 전제 조건을 붙이는 경우가 대부분입니다. 그래서 어느 한쪽을 고르면 "그럼 똥 맛이라도 괜찮다는 거네."라든가 "그럼 똥을 먹어." 하는 식의 야유를 받습니다. 물론 이런 대화가 장난이라면 아무 문제가 없습니다.

하지만 이렇게 '다 싫다'는 답이 예상되는 질문을 만들고 어느 쪽이든 하나를 택해야 한다는 틀에 끼워 맞추는 식은 종종 잘못을 저지르게 합니다.

앞의 질문에 진지하게 대답한다면 이렇게 할 수 있지 않을까요?

"'어느 쪽이든 선택하지 않으면 죽이겠다'는 말은 협박이기 때문에 대답하지 않고 '협박죄로 고소할 생각이 있다'고 주장한다. 그래도 통하지 않는 긴급 상황이라면 정당방위에 해당하는 폭력을 행사하거나 해서 긴급 피난한다."

또 장난에는 장난으로 대응할 수도 있습니다. 선택하지 않으면 죽이겠다고 하는 사람을 죽이는 것이 적절한 대응일지도 모르죠.

궁극의 선택이 아니더라도 질문은 모두 대답을 제한하는 방향으로 주어집니다. 예를 들면, "어떻게 생각하는지 자유롭게 서술하시오."라는 문제에도 '당신은 어떤 생각이 있어야 한다'는 틀이 존재합니다. 심지어는 어떤 틀에 반론을 허용하는 형식도 같습니다. "평화에 관한 자신의 견해를 자유롭게 서술하시오." 또는 "'평화에 대해 어떤 견해를 가져야 하는가'에 관해 서술해도 됨."이라는 문제도 '틀'과 '제한'이 있다는 사실은 변함없습니다. 언어로 뭔가를 요구하는 것 자체가 제한이라는 사실을 생각하면 이는 당연한 일입니다. 이렇게 질문에는 예상되는 답이 있습니다. 즉 어떤 식으로 질문하든 틀은 미리 짜여 있습니다. 여기에서 궁극의 선택을 예로 든 것은 그런 틀의 존재를 확실하게 확인할 수 있기 때문입니다.

어른들이 아이에게 종종 하는 질문을 예로 들어 보겠습니다.

"너는 커서 뭐가 되고 싶니?"

이 질문에도 틀이 있습니다. '사람은 어른이 되면 무언가가 되어야만 한다'는 틀입니다.

이 질문에 적절한 대답은 다음과 같을 것입니다. "아마 성장해서 나이에 따라 '어른'으로 불리는 존재가 되리라는 추측은 할 수 있지만, 그 밖의 속성을 지닌 무언가가 되어야만 한다는 당신의 생각은 이해할 수 없으며 당신 자신이 무언가가 되어 있다는 사실도 의문스럽다. 과연 '어른'이란 무엇인가?" 하지만 어린아이는 이런 식으로 반응하지 않습니다. 이렇게 반응한다면 무섭겠죠.

틀에서 빠져나오려면 반드시 질문의 의도에 의심을 제시해야만 합니다. 이 의심은 '대답할 수 없다', '모르겠다', '확실하지 않다'는 형식보다 질문이 성립되지 않는다는 사실을 나타내는 형식을 취합니다.

"너는 커서 뭐가 되고 싶니?"라는 질문은 대답을 들으려고 하는 것이 아닙니다. '사람은 어른이 되면 반드시 무언가가 되어야만 한다'는 사실을 가르치려고 으레 하는 교육적인 말일 뿐입니다. 즉 어린이는 이런 질문을 받으면서 '어른이 되면 무언가가 되어야 하는구나.' 하고 깨닫습니다.

그런 의미에서 이런 질문은 오히려 적극적으로 해야 합니다. 여기에는 '틀을 가르친다'는 의미가 있으며 어떤 대답이든 유의미하기 때문입니다.

자살을 금지하는 이유

지금까지 사회가 우리를 속박하고 있을 가능성에 대해 이야기했습니다. 하지만 우리가 여기서 벗어날 방법은 거의 남아 있지 않습니다. 지극히 적은 선택 가운데 하나가 '자살'입니다. 사람은 자기 목숨을 끊어서 사회라는 틀 밖으로 나가려고 합니다. 하지만 우리 사회는 자살을 부도덕하다고 보고 암암리에 금지하고 있습니다. 그 이유는 무엇일까요? '어떤 사람이 인생의 한가운데에서 사라진다는 것' 또는 '사회의 일원이 그 배역을 도중에 포기하고 존재하지 않게 되는 것'이 폐가 되기 때문이라는 말도 있습니다. 하지만 자살 금지는 자살하는 당사자를 위한 것이라기보다는 사회가 기능을 유지하기 위해 필요한 것입니다.

지금까지 사회에서는 자살하려는 사람이 느끼는 정신적 부담을 일부러 강조해서 이것을 자살을 억제하는 힘으로 삼아야 한다고 하기도 했습니다. 예를 들어, '자살한 사람의 유산은 상속할 수 없다', '자살은 범죄다' 등을 명문화한 법률은 역사에서 비교적 쉽게 찾아볼 수 있습니다. 그리고 이는 '자살을 법적으로' 국가가 억제해야 하는 이유가 있었음을 의미합니다.

노예나 군인을 보면 왜 자살이 금지되었는지를 더 확실히 알 수 있습니다. 노예의 자살은 주인의 재산권을 침해합니다. 또 군인의 자살은 병력을 줄이고 전투 시에 군대의 사기를 떨어뜨리기도 합니다. 이렇게 자살은 자신의 존재를 스스로 제어하는 것이 금지된 존재에게 금지되었습니다.

이와 마찬가지로 기독교의 자살 금지는 인간이 '신의 종'이라는 사실을 기본 원리로 삼습니다. 단적으로 말하자면, 생명은 신의 것이기 때문에 개체인 주체가 마음대로 처분할 수 없다는 뜻입니다. 이 논리는 노예나 군인에게 자살이 금지된 이유와 똑같습니다.

즉 사회의 일원이 그 배역을 도중에 포기하고 존재하지 않게 되는 것이 폐가 된다고 보는 사고방식은, 사람은 사회의 노예이자 군인이라는 생각을 전제하고 있습니다. 하지만 우리는 노예도, 군인도 아니며 신의 종도 아니므로 그런 의미의 '자살 금지'에 구애받을 필요는 없습니다.

사회는 우리를 괴롭히기 위해 존재하는가

본래 사회는 우리가 더 잘 살아가는 데 필요해서 만들어졌겠지요. 그런데도 사회 자체가 우리를 속박하고 괴롭히기도 합니다. 그리고 이런 상황에서 벗어날 방법조차 봉쇄된 듯합니다. 우리가 이 속박 상태에서 벗어나 '자유'를 손에 넣으려면 사회와 언어와 가치보다 한 단계 높은 시점에서 다시 살펴볼 필요가 있습니다. 이 책은 그 '한 단계 위의 시점'을 '세계'와 '이야기'로 봅니다.

다음 장에서는 이 세계와 이야기에 대해 생각해 보면서 속박에서 벗어날 방법을 찾아보겠습니다.

나는
어디에서,
어떻게
살고 있는가

2장

우리는 세계에 던져져 그 안에서 어떤 이야기를 수행하며 살아가는 존재입니다. 세계와 이야기 또한 앞 장에서 살펴본 언어, 가치, 사회처럼 속박의 원인이 될 수도 있지만 조금 다른 자리에 있습니다. 우리는 언어와 가치를 통해 세계를 인식하고 이야기를 만듭니다. 여기서 이야기란 한 사람 한 사람이 갖고 있는, 살아가는 데 필요한 '각본'입니다. 그리고 세계란 각각의 이야기가 상연되는 '무대'입니다.

이때 우리가 만들지 않은 이야기(타자의 이야기)와 우리 자신의 이야기가 충돌하기도 합니다. 특히 전자가 '정치적인 이야기'일 때는 앞 장에서 살펴본 '생명정치'처럼 사회를 형성하는 기초가 되어 있기도 합니다. 정치적인 이야기는 정치를 담당하는 사람들의 이야기를 의미하지만, 반드시 정치가의 이야기만 뜻하지는 않습니다. 누군가에게 지시나 명령을 하는 등 사람을 시켜 무언가를 하려는 사람들은 다 정치적인 이야기를 수행한다고 할 수 있습니다. 푸코의 생명정치는 그중 특수한 형태의 이야기입니다.

우리가 속박에서 벗어나 자유롭게 살아가려면 세계 안에서 자신이 어떤 이야기를 만들고 수행하는가를 생각해야 합니다. 때로 우리는 자신이 인식한 세계상과 자신이 구축한 이야기에 속박되기도 합니다. 우리는 이런 사태가 발생하는 구조를 검토해서 '세계 인식'과 '이야기'를 적절한 것으로 만들어 갈 수 있습니다.

부패한
세계에서
배역을 맡다

우리는 배역을 연기한다: 하이데거의 세계 극장

독일의 철학자 하이데거(Martin Heidegger, 1889~1976)는 『존재와
시간(*Sein und Zeit*)』 같은 책에서 세계 극장*이라는 개념을 통해 인
간의 삶을 파악하려고 했습니다. 하이데거뿐만 아니라 인생이나
삶을 연극에 비유해 파악하려는 시도는 철학에서 상투적인 수단으
로 쓰였습니다. 나중에 보겠지만, 비트겐슈타인(Ludwig Wittgenstein,

---

* 하이데거의 '세계'를 '세계 극장'으로 파악하는 관점은 한국에서는 보기 드물다. 이에 관해서
는 일본의 편집자이자 독서가인 마쓰오카 세이고(松岡正剛)가 본인의 서평 사이트에 올린 『존재
와 시간』의 한 대목을 빌려 보자. "하이데거는 『존재와 시간』을 쓰기 전에 이미 아렌트(Hannah
Arendt)와 밀접한 관계가 있을 무렵 『가면론』, 『근거란 무엇인가』를 쓰면서 '세계란 일상적인 현
존재가 연기하고 있는 연극과 같은 것'이라고 지적한다. 즉 하이데거가 말하는 '세계'는 세계 극장
인 것이다. 그 무대는 이를 깨달았을 때에는 이미 어떤 연극이 진행되고 있는 듯한, 그런 무대 세계
를 의미한다. 정신을 차렸을 때 우리는 이미 거기에 있다."(〈마쓰오카 세이고의 천 권의 책과 천 일
의 밤〉 http://1000ya.isis.ne.jp/0916.html)—옮긴이.

1889~1951)의 '언어 놀이'나 고프먼(Erving Goffman, 1922~1983)의 '공존'도 그렇습니다.

하이데거는 우리의 '존재 자체인 현존재'와 '배역'은 다르다는 데서 출발합니다. 배역이란 인간이 이 세계에서 어떤 배역을 연기하는 존재라는 사실을 나타내는 개념입니다. 한 사람이 여러 배역을 연기하는 경우도 있습니다. 학교에서는 학생을, 집에서는 아들을, 친구나 연인을 연기하기도 합니다.

이런 배역들을 심리학에서는 가면이라는 뜻에서 페르소나라고 부르기도 합니다. 인격을 뜻하는 영어 퍼서낼러티(personality)가 이 페르소나에서 온 말입니다. 이는 우리가 인격이라는 가면을 쓰고 있다는 인식을 전제하는 것입니다. 가면을 계속 쓰고 있는 것을 괴로워한다든가 어떤 배역을 잘 연기하지 못했을 때 괴로워하는 인간 존재의 모습을 이 말에서 찾아볼 수 있습니다.

그럼 의문이 생깁니다. 가면 쓰는 것을 괴로워하거나 연기를 잘할 수 없어 고민하는 것은 도대체 누구일까요?

연극에서 연기는 연기자가 합니다. 연기자와 배역은 서로 다른 어떤 존재입니다. 사회에서 연기자가 아닌 우리가 어떤 배역이라는 가면을 쓰고 있다면 가면을 벗었을 때 존재하는 것은 누구일까요? 우리는 학생, 교사, 아버지, 어머니, 아들, 딸, 남성, 여성 등 다양한 가면을 쓰지만 그 가면을 벗은 상태에 대해서는 잘 모릅니다.

물론 이 가면은 벗을 수 없다고 할 수도 있습니다. 하지만 한 걸음 더 나아가 생각해 보면 벗을 수 없는 가면이라는 개념은 거짓입니다. 왜냐하면 그 가면은 언젠가 어떤 단계에서 쓴 것에 지나지 않기 때문입니다. 막 태어났을 때는 그런 가면을 쓰지 않았을 겁니다. 그러니 성장하면서 쓰게 된 가면, 예를 들면 학생이라는 가면 벗기(배역 그만두기)는 가능하며 친구나 연인 같은 가면도 마찬가지입니다.

더 나아가자면 그 가면, 배역은 이 세계에 미리 준비되어 있던 것입니다. 물론 연기하는 사람의 연기력이나 애드리브 같은 요소도 크게 작용하지만 배역의 기본 성격은 이미 결정되어 있었으며, 적어도 그 배역의 성격에서 크게 벗어난 연기를 할 수는 없습니다. 즉 우리는 이 세계에 갑자기 던져져 이 세계에 미리 준비되어 있던 가면 가운데 몇 가지를 자기 의지로 선택해서 연기합니다. 하이데거는 이렇게 이 세계에 던져지는 것을 기투(企投)라고 불렀습니다.

나의 의미와 가치를 결정하는 '세계'

기투된 우리는 어떤 배역을 연기해서 차츰 그 '배역'에 몰입합니다. 무대에서 연기하는 배역이 우리가 살아가는 세계의 배역이 됩니다. 우리는 '배역에 따른 자기'를 자인하며 살아가는 존재이기도 합니다.

이 몰입 상태를 하이데거는 퇴락(頹落)이라고 옮기기도 하는 탐락(耽落)이라고 했습니다.

우리가 몰입하고 있는 배역과 가면은 이 세계가 주었습니다. 이것들을 벗을 수 있느냐 없느냐, 이것들이 올바른가 아닌가와는 별도로 우리는 가면을 쓴 자신을 본래의 자기라고 착각하는 경우가 있습니다.

그리고 우리가 정신을 차려보면 이미 이 세계에 '기투'되어 어떤 배역에 따른 자기를 '탐락'하고 있습니다. 그러나 앞에서 말했듯이 그 배역이 이미 세계에 준비되어 있었다는 것은, '나'의 의미나 가치를 결정하는 것이 '나'가 아닌 '세계'라는 뜻입니다. 더구나 세계는 인격을 수반하지 않는 개념이기 때문에, 실제로는 세계에 존재하는 타인이 내가 보이는 방식을 결정할 것입니다.

탐락하는 상태에 있을 때 나는 타인이 보았을 때의 내 모습을 자신의 모습으로 인식합니다. 이는 결코 부정적인 이야기가 아닙니다. '나'가 타인이 보았을 때의 내 모습이라면 '나'는 그 배역을 얼마나 잘 연기하는가에 가치를 두게 됩니다. 그때 '나'는 타인이 보는 방식에 속박됩니다. 왜냐하면 그렇게 보이게끔 살아갈 수밖에 없기 때문입니다.

가면 뒤에 있는 존재자

생각해 보면, 가면을 쓰고 있는 것 자체를 괴롭게 여기는 것은 이상한 현상입니다. 왜냐하면 '누가 그렇게 느끼는가'라는 문제가 있기 때문입니다. 그래서 가면 뒤에 있는 얼굴이라는 개념을 생각할 필요가 생겨납니다.

그러나 그 가면 뒤에 있는 얼굴도 가면일지 모릅니다. 우리는 계속 벗겨지는 양파처럼 몇 겹으로 가면을 쓰고 있는 존재이며 그 심(心)에 해당하는 본래의 자신 같은 것은 존재하지 않는다고 생각할 수도 있습니다.

하지만 가면 A를 쓰고 있는 것이 괴롭다고 여기는 나는 적어도 가면 A 뒤에 있는 가면 B로서 나입니다. 실제로 이런 상태인 경우가 많고, 그렇게 생각해서 문제가 해결되는 경우도 있을 겁니다. 가면, 배역으로서 훌륭한 사회인을 예로 들어 보겠습니다. 만약 '훌륭한 사회인으로 산다'(훌륭한 사회인을 연기한다)는 것이 괴롭다면 이것을 벗을 수 있습니다. 그 가면 밑에는 좀 칠칠치 못해도 적당히 살아가는 인간이라는 가면이 있는지도 모릅니다. 하지만 이것도 가면이기 때문에 우리는 이것을 연기할 수밖에 없습니다.

중요한 이야기라서 반복하겠습니다. 연기한다는 것은 타인이 보는 내 모습을 중심에 두고 어떻게 보이는가를 생각하며 살아가는 상태입니다. 이것을 대상화된 자기라고 합니다. 타인의 눈을 통해 파악된 모습이 자기로 여겨지는 것 자체를 괴로워하는 상태는 이때 발생합니다. 그리고 어떤 가면이든 그것이 가면인 이상, 우리는 타인의 눈에 보이는 모습을 통해 자기 모습을 인식합니다.

이를 뒤집어 생각해 볼 때 가면을 쓰고 있는 것 자체가 괴롭다면 가면을 쓰지 않은 상태를 안다는 뜻입니다. 배역을 연기하는 것 자체가 괴롭다면 연기하지 않는 상태를 알기 때문입니다. 이때 '세계 극장'에서 연극의 연기자에 해당하는 것은 누구인가, 즉 배역을 연기하는 것은 과연 누구인가, 가면을 쓰지 않은 존재자란 과연 무엇인가 하는 문제와 맞닥뜨리게 됩니다. 하이데거는 이런 '본래적인 삶', '본래적인 자기'를 현존재라고 불렀습니다.

배역을 인식하지 않은 만남

제가 대학에서 낯모르는 젊은이를 만났다고 합시다. 저는 그 사람의 얼굴도, 학생인지 교직원인지도 모릅니다. 상대방도 제 얼굴을 모릅니다. 어쩌면 그 젊은이는 대학을 견학하러 온 고등학생일 수도 있고, 아주 젊어 보이는 신임 강사일 수도 있습니다. 저는 그 사람과 잠깐 이야기를 나눠 보고 바로 학생이라는 사실을 알아챕니다. 이는 쌍방 간에 일어나는 일로서 상대방도 제가 교수라고 깨닮습니다. 그리고 상호 관계적인 배역 연기의 단계로 들어갑니다. 상호 관계적인 배역 연기란 내가 상대방에게 교수로서 행동하는 것인 동시에 상대방이 나에게 학생으로서 행동하는 것입니다.

배역 인식, 가면 정하기는 이렇게 만남에서 시작되지만, 원초적 만남의 상태에서는 상호 존재가 아닌 무언가를 인식합니다. 물론 그것이 인간이라는 사실은 분명하지만 멀리서 오는 모습이 인간인지 아닌지를 인식하는 단계까지 고려하면, 인간과 인간이라는 상호 존재조차 그 전 단계로 만남(인간과 인간의 만남이 아니라 나와 물체의 만남)이라는 것이 존재한다는 사실을 알 수 있습니다.

대개 그런 상태는 극히 짧은 시간에 파악되어 '상호 존재', '상호 작용 질서'(이에 대해서는 165쪽 참조) 단계로 들어갑니다. 즉 쌍방이 배역 연기를 하는 상태가 됩니다. 그러나 그 전제로서 서로 배역을 인식하지 않은 '만남'이라는 상태가 존재할 것입니다. 그러나 우리가 만남의 상태를 깨닫는 일은 극히 드뭅니다.

하이데거는 이렇게 상호 존재의 전제가 되면서 이를 성립시키는 상태를 **공동존재**라고 부릅니다. 즉 이 세계에는 나 이외의 무언가가 존재하며 그것과 만나는 것이 상호 존재를 발생시키는 전제가 된다고 봅니다. 앞에서 타인이 보는 방식에 따라 자기 모습을 인식하는 것을 가면이라고 설명했습니다. 하지만 그 전제로서 우선 상대를 인식하는 단계가 있고, 그 후에 상대방의 배역(또는 가면)이 구성됩니다. 즉 이렇게 나와 상대방의 배역 인식은 상호적이지만, 그 전 단계로서 존재 인식이 있을 것입니다.

그리고 이는 세계 극장에 배역만 존재하지는 않는 것 같다는 사실을 의미합니다. 누군가 다른 사람과 만났을 때 우리는 그 사람의 '배역'과 '나와 맺는 관계'를 통해 그 사람을 인식합니다. 이는 학생이거나 교수, 친구일 수도 있고 부모, 자식일 수도 있으며 모르는 사람이기도 합니다. 이런 배역이 없는 누군가를 인식하는 일은 상상하기 어렵기 때문에 주의해야 합니다. 하지만 배역 인식에 앞서 존재 인식이 있을 것입니다. 이때 배역을 갖지 않은 존재라는 것을 우리가 인식할 수 있는가가 문제입니다.

그런데 배역만 존재한다면 우리는 자기도 모르는 사이에 배역을 인식할 것입니다. 모르는 사람과 만나도 그 사람의 배역이 가장 먼저 인식되겠지요. 하지만 그런 일은 일어나지 않습니다. 적어도 아주 짧은 순간에 배역을 갖지 않은 누군가가 인식되고, 그런 다음 그 사람의 배역을 떠올리는 단계를 밟을 것입니다.

우리 스스로 배역을 만들어 낼 권한

자유를 추구하는 처지에서는 하이데거의 개념이 아주 중요합니다. '자유'란 시간이 지난 뒤 자기 존재 본연의 자세를 자기가 결정하는 것이고, 타인이 보는 모습에 따라 자기 상태가 결정된다면 거기에 자유는 존재할 수 없겠지요.

이를 뒤집어 생각해 보죠. 본래 자기, 즉 하이데거가 말하는 현존재·공동존재를 인식한 다음 이를 토대로 삼은 삶의 방식을 고민할 수 있다면 자유로워질 수 있을 것입니다. 현존재와 공동존재의 차이는 같은 것을 자기가 보았는가(현존재) 아니면 **타자와 맺는 관계 안에서 보았는가(공동존재)**에 지나지 않을지도 모릅니다. 이것이 **가면 뒤에 있는, 진정한 '나'의 얼굴입니다.**

그리고 부자유한 존재인 인간이 '세계 극장'에서 자유로워지기 위한 방법을 생각한다는 것은 모든 인간이 자유로워지기 위한 길을 생각한다는 것과 같은 말입니다. 연기하는 데서 오는 부자유가 모든 인간에게 발생할 수 있기 때문입니다. 이것이 발생하지 않는 경우는 우연일 뿐입니다. 자유롭게 연기할 수 있다는 것은 결코 그 사람의 능력 때문이 아니라 그가 우연히 그 무대에 적응할 수 있는 인간이라는 사실에 지나지 않습니다.

인생이라는 무대에서 제대로 연기할 수 없고 연기하는 것 자체가 괴롭다면, 이는 배역을 수행하는 데 어려움을 느낀다는 뜻입니다. 이때 취해야 하는 효율적인 방침으로 다음 세 가지를 생각할 수 있습니다.

① 그 배역을 잘 연기할 방법을 생각한다.

② 그 배역을 그만둔다.

③ 연기자이기를 포기한다.

우리는 서투른 연기자입니다. 배역을 잘 연기할 수 없다고 생각하며 연기하는 것 자체에 고통을 느낍니다. 그렇지만 훌륭한 연기자와 같은 극단에 있기 때문에 단역으로라도 같은 무대에 설 수밖에 없습니다. 훌륭한 연기자를 부러워하는 눈초리로 바라보면서도 '저런 연기는 할 수 없고 저런 연기자가 되고 싶지도 않다'고 남몰래 생각하는 비뚤어진 사람입니다. 그런 우리가 세 가지 가운데 무엇을 고를 수 있을까요? ①은 도저히 할 수 있을 법하지 않습니다. ②도 어렵겠지요. 왜냐하면 그 배역을 그만둔다 해도 연기자로 살아가는 한, 다른 역을 또 맡아야 해서 결국 같은 상태가 되기 때문입니다. 그래서 ③을 고르는 것은 과격한 결론입니다. 이는 인생이라는 극장에서 죽음을 결심하는 것을 의미하기 때문입니다.

하이데거는 배역을 연기하는 연기자로서 자기를 자각하는 것을 통해 해결하기를 권합니다. 이는 **연기자를 그만두겠다고 결심하면서 연기자를 계속하는** 것입니다. 그러면 서투른 배우라는 말을 들으면서도 그것은 배역일 뿐이라고 생각할 수 있습니다. 연기를 못한다는 말을 듣든, 매력이 없다는 말을 듣든 신경 쓸 필요가 없습니다. 왜냐하면 인간은 누구나 이 무대에서 내려올 수 없기 때문입니다. 물론 여기에는 '살아 있는 한'이라는 조건이 붙어 있으며 어찌 됐든 무대에서 내려오는 날이 옵니다. 이는 훌륭한 연기자든 서투른 연기자든 매한가지입니다. 훌륭한 연기에 무슨 의미가 있을까 하고 물을 수 있다면, 서투른 연기에 부정적인 의미를 부여하는 것은 더더욱 의미가 없습니다. 어차피 연극일 뿐이기 때문입니다. 그리고 이때 우리는 배역을 없앨 권한을 가질 수 있습니다. 달리 말하면 배역을 소유하는 것입니다.

훌륭한 연기자란 연극의 세계에 몰입할 수 있는 사람입니다. 서투른 연기자는 그럴 수 없는 사람입니다. 달리 말하자면, 연극 바깥 세계와 연결을 끊을 수 없는 사람으로서 연결을 끊지 못하는 자신의 마음이 연기를 방해합니다. 부끄럼을 타거나 진정한 자신이 아님을 자각하면서 무대에 선다면 당연히 연기를 잘할 수 없습니다.

앞서 말한 것처럼 이 세계는 이상향도, 건강한 곳도 아닙니다. 즉 오늘날 '세계 극장'은 실력이 모자란 극작가의 작품입니다. 대본에 전혀 현실적이지 않은 인물이 나온다면 아무리 뛰어난 연기자라도 몰입하거나 훌륭히 연기해 낼 수 없습니다. 거꾸로 생각하면 서투른 연기자, 즉 이 세계에서 살아가는 것을 괴로워하고 여기에서 행복을 찾기 힘들다고 생각하는 사람들이야말로 이 세계를 바꿀 수 있는 힘을 가졌다고 할 수 있습니다.

앞에서 극작가 이야기를 했는데, 실제로 이 세계에 각본만 쓰는 사람은 없습니다. 모두가 연기자입니다. 연기자들이 그때그때 각본을 써 가며 연기합니다.

이런 의미에서 이 세계가 엉망진창인 각본이라면 우리가 이를 고쳐 쓸 수 있을 것입니다. 그리고 이때 우리는 배역을 스스로 만들어 낼 권한을 가집니다. 배역을 없애거나 만들 수 있다는 것은 배역을 소유할 수 있다는 뜻입니다.

커다란 이야기를
믿을 수 없게 되다

사람은 '이야기' 구동장치

하이데거가 말하는 '탐락'은 이 세계에서 미리 준비되어 있는 '이 야기'를 수행하는 것입니다. 하지만 탐락의 방식 또는 '이야기'의 내용은 우리가 각자 정해야 합니다. 게다가 우리는 탐락할 수 없는 상태에서도 어떤 이야기를 살 수밖에 없는 존재입니다. 예를 들어, 그것이 탐락하지 않는다는 이야기로서 이 세계에 미리 준비되어 있던 배역을 거부하는 것이라 해도 이 또한 이야기입니다.

이렇게 우리는 어떤 이야기를 수행하는 생명체입니다. 그리고 이야기 수행을 멈출 때 우리는 '죽음'이라는 이야기를 수행하기 시 작합니다. 어쨌든 어떤 이야기를 수행할 수밖에 없는 존재가 인간 인 듯합니다.

여기서 말하는 이야기란 무언가를 달성하기 위한 순서 체계를 가리킵니다. 이것을 **행동 규범**이나 **행동 모델**이라고 부르기도 합니다. 이성에게 호감을 사려고 한다, 부자가 된다 같은 것도 이야기입니다. 이것들은 일단 지금 살아가기 위해 필요한 목적과 순서라고 할 수 있습니다.

이야기가 오랜 기간에 걸쳐 수행되는 것만은 아닙니다. 다음 시험에서는 좋은 성적을 받자는 것도 이야기고, 내일 시합에서 이기자는 것도 이야기입니다. 우리는 작은 이야기에서 큰 이야기까지 수많은 종류의 이야기를 '살고' 있습니다. 이야기를 갖지 않은 사람은 없습니다. 즉 산다는 것 자체가 이야기를 수행한다는 것과 거의 같은 말입니다.

이야기는 대략 ① 초기 상태, ② 행위, ③ 도달 상태 등 세 요소로 나뉩니다. 초기 상태가 발생했을 때 행위를 수행하고 도달 상태에 이르는 것이 이야기의 수행입니다. 쉬운 예를 들자면, ① 배가 고플 때 ② 무언가를 먹으면 ③ 배가 불러집니다. 이렇게 작은 이야기는 매일 누구나 수행하고 있습니다. 그러나 이야기가 조금 커지면 사정이 달라집니다. 각본이 길어지면서 자신이 어떤 이야기를 연기하는지 알 수 없게 되는 때도 있으니까요.

사회가 강제하는 이야기

많은 이야기가 모방을 통해 자신의 내부에 형성됩니다. 즉 누군가가 그렇게 말했기 때문에, 부모님이 그렇게 말하니까, 모두가 그렇게 하니까 등의 이유로 그 이야기를 자신의 것으로 만드는 경우가 많습니다. 이는 결코 나쁜 일이 아니며 원래 이야기에 그런 성질이 있습니다. 거꾸로 말하자면, 자신만의 이야기를 가진 사람을 찾기란 어렵고 그런 사람을 괴짜라고 부르기도 합니다.

하지만 이상하게도 이야기의 규모가 커지면서 자신만을 위한 이야기는 스스로 만들 수밖에 없다는 말을 듣게 됩니다. 학생 시절의 작문 수업을 떠올려 보시길 바랍니다. 자기 생각을 자유롭게 쓰라고 해서 정말 마음대로 썼더니 좋은 점수를 받지 못한 기억이 있을 겁니다. 작문이 독창적인가 아닌가를 따지는 것이 아니라 미리 사회가 허용하는 규범 내에서 독창성을 (그런 것이 있을 경우) 따지는 것이기 때문입니다. 우리 사회가 상정해 놓은 자유란 고작 그 정도밖에 안 됩니다. 그래도 우리는 독창적인 이야기를 가지라는 요구를 받습니다. 그런데 독창적인 이야기를 만들라는 것이 아니라 몇 가지 중에 고르라는 것일 뿐입니다. 그리고 가능한 선택의 수는 극히 한정되어 있으며 그 안에 고를 만한 것이 없는 경우도 당연히 많습니다.

하지만 우리는 앞 장에서 이야기한 '궁극의 선택'처럼 제시된 빈약한 이야기들 중 하나를 골라야만 하는 처지에 서게 됩니다. 그리고 선택하지 않을 경우 '사회의 낙오자라는 이야기'를 골랐다고 해석됩니다. 이것이 이 사회의 현실입니다. 이런 사태는 결코 우리 사회가 병들어 있기 때문에 발생하는 것이 아닙니다. 아무리 이성적으로 진화한 사회라도 사회라는 틀이 존재하는 이상, 상황은 변함이 없습니다. 그것이 사회라는 공동체의 기본적인 성질입니다.

커다란 이야기란

그럼에도 바로 얼마 전까지 사회에는 커다란 이야기가 있었습니다. 커다란 이야기란 해당 시대 대부분의 인간이 채용하는 이야기를 말합니다. 열심히 공부해서 좋은 대학을 나온 뒤 좋은 회사에 들어가 많은 월급을 받고 결혼해서 아이를 낳고 집을 사고……. 대부분의 인간이 이런 것을 '행복'이라고 생각하고 실행하기를 바란 시대가 있었습니다. 이런 '이야기'의 '잔상'은 지금도 어렴풋이 있습니다.

이런 커다란 이야기는 기본적으로 수가 한정됩니다. 금의환향, 입신출세, 박사가 되느냐 장관이 되느냐, 사장이 된다 같은 것이 그 예입니다. 이런 말들이 오늘날에는 모두 우스꽝스럽게 여겨짐니다. 이런 것들을 실현한들 "뭐가 어쨌다구?" 하는 식의 반응만 얻을 겁니다. 행복은 그런 것들에 존재하지 않는다는 사실을 오늘날 다들 깨달았기 때문입니다.

커다란 이야기는 개인의 인생에 관련된 것만은 아닙니다. 인류는 이성과 지성을 통해 이상적인 사회를 구축할 수 있다, 과학의 발달은 사회의 행복을 증진한다와 같은 것도 커다란 이야기입니다. 물론 현재로서는 이런 이야기들이 도저히 함부로 믿을 만한 것이 못 됩니다. 인간의 이성과 지성의 한계가 드러나고 과학이 인간을 소외하기도 하기 때문입니다. 이와 마찬가지로 정치가는 국민을 위해 일하는 게 아니라 사리사욕을 추구하고, 경제학자는 국민을 풍요롭게 하지 않고 특정인들의 이익을 옹호하기 위한 연구에 힘쓰는 사람처럼 보입니다. 이런 예를 들자면 끝이 없습니다. 그러니 많은 사람들이 커다란 이야기를 믿지 못하게 된 것입니다.

커다란 이야기에 대한 불신: 리오타르의 포스트모던

'커다란 이야기에 대한 불신'이 특징인 시대를 프랑스의 철학자 리오타르(Jean-François Lyotard, 1924~1998)는 **포스트모던**이라고 불렀습니다. 커다란 이야기를 믿으며 이성에 따라 구동되던 시대가 모던이었다면 포스트모던은 그 뒤에 도래하는, 또는 도래한 어떤 시대라는 의미로 쓰이고 있습니다. 포스트모던 사회를 어떻게 파악하고, 이 안에서 어떻게 살아갈지를 생각하는 사상이 **포스트모더니즘**입니다.

인간은 이야기가 없으면 살아갈 수 없는 존재입니다. 이야기란 삶의 지침입니다. 이는 어떻게 살 것인가라는 태도의 표명이기도 하고, 없으면 살 수 없는 것입니다. 그때그때 되는 대로 살기로 했어도 되는 대로 산다는 이야기를 채용하고 있다는 뜻입니다. 되는 대로 살면서 때때로 목적을 갖는다고 해도 같습니다. "아니다. 나는 '이야기' 같은 것 없이도 살 수 있다." 이렇게 말하는 사람이 있을지도 모릅니다. 그런데 커다란 이야기나 중간 규모의 이야기는 없어도 살 수 있지만 작은 개인의 이야기가 없으면 살 수 없습니다. 예를 들면, 일해서 월급을 받아 먹을 것을 사고 다시 일한다와 같은 오늘을 사는 이야기를 말합니다.

이런 '아주 작은 이야기'가 '작은 이야기'의 하위 목표인지 아닌지는 사람마다 다릅니다. 하위 목표란 상위의 이야기를 이루기 위한 중간 도달점입니다. 예를 들어, 매일 일해 돈을 번다는 아주 작은 이야기를 돈을 모아 1년에 한 번 여행을 간다는 작은 이야기의 하위 목표로 삼는 사람이 있을 겁니다. 또는 주말 저녁에 친구들과 술집에 몰려가 코가 비뚤어지도록 마신다는 작은 이야기를 위해 매일 일해 돈을 번다는 아주 작은 이야기를 하위 목표로 삼는 사람도 있을 겁니다. 물론 작은 이야기 중에는 가족이 기뻐하는 모습을 본다는 것도 있겠지요. 작은 이야기의 올바름은 그보다 상위 이야기의 올바름으로 보강됩니다. 즉 최상위에 존재하는 커다란 이야기가 올바르기 때문에 그 하위에 존재하는 모든 이야기가 올바른 것이 되고, 그래서 사람은 이것들을 안심하고 수행할 수 있습니다. 그런 시대가 '모던', '근대'였습니다.

　그런데 오늘날 '커다란 이야기'를 믿을 수 없게 되면서 작은 이야기들의 올바름마저 믿을 수 없게 되었습니다. 왜 열심히 공부해야 하는가, 왜 훌륭한 사람이 되어야만 하는가라는 의문을 갖기 시작한 것입니다. 이런 상황을 포스트모더니티(포스트모던 상황)라고 부르며, 포스트모더니티가 지배적인 가치관이 된 오늘날에는 작은 이야기들의 올바름을 뒷받침하는 것들이 다 사라져 버렸습니다. 이런 상황에서 각각의 올바름은 우리 스스로 생각해 내야 합니다.

대결하는 자만이
세계를 바꿀 수 있다

괴로움과 피곤함

이야기에 대해 좀 더 생각해 보겠습니다.

이야기는 크기와 상관없이 모두 목표가 있습니다. 목표는 대략 두 가지로 구분됩니다. 하나는 무언가를 얻는 것이고, 다른 하나는 무언가로부터 벗어나는 것입니다. 이들을 각각 '얻는 이야기', '벗어나는 이야기'로 부르겠습니다. 이들은 '괴로움'을 축으로 삼아 구분할 수 있습니다. 여기서 괴로움이란 자신의 의사로는 피할 수 없는 불쾌한 신호가 지속적으로 발생하는 상황을 가리킵니다. 달리 말하자면, 괴로움은 자유를 잃어버린 상태에 붙은 이름입니다.

'얻는 이야기'가 잘 수행되지 않을 때 괴로움을 느끼는 경우는 거의 없습니다. 그때 우리가 느끼는 것은 '피곤함'입니다. 예를 들어,

등산 도중에 느끼는 피곤함은 산을 잘 오르고 있지 못함을 나타냅니다. 정상에 도착하지 못할지도 모른다는 예감이 들었을 때 사람은 피곤함을 느낍니다. 그러나 '벗어나는 이야기'가 잘 수행되지 않을 때는 '괴로움'을 느낍니다. 등산 도중에 피곤함을 느꼈다고 해 봅시다. 이때 피곤함만으로는 괴로움이 발생하지 않는다는 사실에 주의해야 합니다. 피곤한 상태에서 벗어날 수 없다는 생각이 들 때 사람은 처음으로 괴로움을 느끼게 됩니다. 좀 더 쉬운 예를 들어 보겠습니다. 오른손으로 왼손 손바닥을 몇 초간 꼬집어 보십시오. 아프기는 해도 괴로움은 느끼지 않을 겁니다. 왜냐하면 내가 꼬집기를 바로 그만둘 수 있으니까요.

'괴로움'과 '피곤함'은 모두 이야기가 수행되는 상태를 나타냅니다. 어떤 이야기를 수행할 때 이 이야기는 잘 수행되고 있지 않으니까 더 낮게 고치거나 다른 것으로 바꾸는 편이 낫겠다는 경고 신호가 발생하는 경우가 있습니다. 그것이 괴로움이며 피곤함입니다. 살아가면서 '벗어나는 이야기'를 수행해야만 하는 경우도 있을 겁니다. 하지만 괴로움이 자신을 짓누를 정도로 커졌을 때는 그 괴로움이 이야기가 수행되고 있다는 상태를 드러내는 신호에 지나지 않는다고 생각할 필요가 있습니다. 나 자신이 그런 신호를 내보내는 것은 나 자신을 괴롭히기 위해서가 아니라 인생이라는 이야기를 효율적으로 진행시키기 위함입니다.

절망은 언제 생겨나는가

속박이란 자유를 잃어버린 상태입니다. 그리고 '벗어나는 이야기'에서 자유를 잃어버렸을 때 사람은 괴로움을 느낍니다. 여기에서 자유를 잃어버렸다고 우리가 판단할 때를 떠올려 봅시다. 이때는 다음 두 가지 조건이 성립합니다.

① 일반적인 노력으로는 피할 수 없다고 생각되는 것
② 시간이 흘러도 해결되지 않으리라고 생각되는 것

예를 들어, 사람은 손가락의 거스러미나 충치 때문에 죽음을 생각할 만큼 괴로움을 느끼지는 않습니다. 그 아픔이 사소한가 아닌가는 문제의 본질이 아닙니다. 충치의 아픔은 신체의 큰 아픔에 비하면 사소한 것으로 분류될 수도 있는데, 그것은 치과에 가서 치료를 받거나 시간이 지나면 사라진다는 사실을 쉽게 추측할 수 있기 때문입니다. 하지만 만약 충치가 치과에 가도 낫지 않는 데다 사는 동안 내내 나를 괴롭힌다면, 이는 사소한 아픔이 아니게 됩니다. 사소한지 아닌지는 결국 본인이 결정하지만, 그 기준은 이를 피하기 위해 어떤 행위를 할 자유가 있는가입니다. 일반적인 노력으로는 피할 수 없다는 사실에 직면했을 때, 무엇을 해도 소용이 없다면 이는 자유를 잃어버렸다는 뜻입니다. 그때 사람은 절망하며 괴로움을 견딜 수 없게 됩니다.

우리는 일회적인 현상을 살고 있다

'일반적인 노력으로는 피할 수 없는 것'을 피하고 싶다고 생각했을 때, 즉 '벗어나는 이야기'를 어떻게든 이루려고 괴로움에 몸부림칠 때, 그 결과로서 그것을 견딜 수 없는 '괴로움'이 발생합니다. 그렇지만 우리가 이를 처음 마주했을 때는 피할 가능성을 여러 가지로 모색합니다. 그때 사람은 '벗어나는 이야기'를 산다고 할 수 있습니다.

하지만 모든 가능성을 잃어버렸다고 느끼면 사람이 이야기를 포기합니다. 이때 '절망'이 생겨납니다. 여기에서 모든 가능성을 잃어버렸다, 일반적인 노력으로는 절대로 피할 수 없다고 판단한 이유를 생각해야 합니다.

실제로 논리적으로 도달할 수 있을 듯한 목표라도 거기에 도달할 수 있다는 생각은 근거 없는 신념에 기초합니다. 예를 들어, 일반적으로 남성이 여성에게 선물을 하면 친해질 가능성이 있다는 경향이 있다고 합시다. 이것을 신념으로 삼는 남성이 좋아하는 여성에게 선물을 주고 친해지려고 할 경우, 실제로 친해질 거라는 남성의 생각에는 물론 근거가 없습니다. 실제로도 생각만큼 친해지지 못하는 경우가 많습니다.

이런 신념의 체계는 사회에 존재하며 우리는 이를 내재화해 행동 규범과 기준으로 삼고 있습니다. 그런데 이는 원래 과거에는 비교적 높은 확률로 잘되던 것에 지나지 않습니다. 그러니 다음에도 잘될 거라는 믿음에는 아무런 근거가 없습니다.

사실 **거의 모든 현상이 일회적입니다**. 사람들은 남성이 여성에게 무언가를 선물하면 친해질 가능성이 있다는 경향을 근거 없이 믿습니다. 그러나 '나'는 특정 개인이고 '좋아하는 그녀'도 특정 개인이며 '선물'도 특정 재물입니다. 그러니 시간과 공간을 비롯한 모든 상황이 다르다고 생각하는 편이 자연스럽습니다.

그렇다고 해서 사회에 존재하는 이야기가 전혀 도움이 되지 않는 것은 아닙니다. 선물을 안 하기보다는 선물을 하는 편이 친해질 가능성이 높고, 선물도 햄 통조림 세트보다는 액세서리나 가방을 고르는 편이 낫겠지요.

이렇게 사회에 존재하는 이야기는 단지 참고가 될 뿐입니다. 우리는 현실적으로 늘 일회적인 현상을 살고 있습니다. 그래서 살아가는 행위가 모두 한 번만 발생한다는 의미에서 기적입니다. 우리는 자주 일어나는 행위가 있다고 생각하지만, 사실은 사회에 축적된 일회적인 사실과 현상의 사례와 자신의 삶을 혼동하는 것이며 이는 순수한 착각입니다.

시간이 지나도 해결되지 않는 것

불치병으로 괴로워하는 사람이 있다고 합시다. 현재로서는 그 병을 치료할 방법이 없습니다. 하지만 미래에는 어떨지 알 수 없고 어쩌면 내년에 획기적인 치료법이 나와 이 사람이 임상 시험에 참가할 수도 있습니다. 이렇게 경솔하고 무책임한 말은 좋아하지 않지만 이론적인 가능성을 말한 것이니 양해해 주시기를 바랍니다. 하지만 이는 어디까지나 가능성일 뿐입니다. 병에 걸린 사람에게 중요한 문제는 병 때문에 계속되는 고통이며 이 고통이 언제까지 계속될지 알 수 없다는 점입니다. 이때 이 사람의 '벗어나는 이야기'는 절망에 이르렀다고 할 수 있습니다. 그런데 이때 이 사람의 '벗어나는 이야기'가 이런 상태에 빠지게 된 것은 이 사람 자신이나 그 병에 관한 일반적인 추측 또는 지식 때문입니다. 이 사람이 만약 불치병이라는 의사의 진단을 완전히 수용한다면 병에서 오는 고통에서 벗어난다는 이야기를 포기해야만 합니다. 만약 그 이야기를 포기하지 않는다면 의사의 진단을 수용하지 못할 것입니다.

병 이야기가 나왔으니 좀 더 하자면 인간은 탄생 순간부터 노쇠라는 이름의 병에 걸립니다. 이 병의 잠복기는 30년 정도이며 반드시 증상이 나타납니다. 개인차는 있지만 30세를 넘을 무렵 대부분의 사람이 노화로 쇠약해짐을 느끼기 시작합니다. 증상이 나타난 이후에는 체력 저하와 각 기관의 기능 쇠퇴 등이 차례로 시작되고, 증상이 나타난 지 50~70년쯤 되면 반드시 죽습니다. 노화는 사람에 따라 매우 괴로운 증상이 따르기도 하지만, 그렇다고 해서 우리가 '살아간다는 이야기'를 중지하는 경우는 많지 않습니다.

절망은 이야기의 달성이 불가능하다는 것을 알지만 그 이야기를 포기할 수 없는 상태의 다른 이름입니다. 불치병을 예로 들면, 이대로는 분명 죽고 말 것이라는 진단을 받았어도 거기에서 '벗어나는 이야기'는 '버릴 수 없는 이야기'가 되기도 합니다. '버릴 수 없는 이야기'의 수행을 중지할 수는 없습니다. 이것이 곧 '버릴 수 없다'는 것의 의미입니다.

인간은 남이 보기에 극심한 고통도 참아 낼 수 있는 존재인 동시에 남이 보기에 사소한 고통도 견디지 못하고 죽음을 선택하는 존재이기도 합니다. 문제는 이 차이가 어디에서 발생하는가입니다. 이 차이는 고통의 크기에서 오지 않습니다. '이야기를 살고 있는가, 아닌가'에서 생겨납니다. 달리 말하자면, 괴로움을 피하기 위해 무언가를 할 수 있는 자유가 있는가에서 생겨납니다. 이 경우 '무언가를 한다'는 것이 반드시 적극적인 행위만을 뜻하지는 않습니다. 시간이 해결해 줄 거라고 믿는다면 그저 시간의 경과를 기다리는, 즉 참고 견디는 행위를 선택하는 '자유'가 있습니다.

'버릴 수 없는 이야기'를 산다는 것

지금까지 '벗어나는 이야기'에 대해 살펴보았는데, 사실 이 '벗어나는 이야기'야말로 괴로움을 낳는 주된 원인입니다. 그래서 만약 지금 당신이 괴로움을 느낀다면 그 괴로움이 '어떤 이야기에 따라 발생했는가'를 음미할 필요가 있습니다. 그런 다음 그것을 버릴 수 있는가 없는가를 분명하게 검토해야 합니다.

다시 불치병을 예로 들겠습니다. 괴로움과 고통은 자유가 손상당했다는 데서 발생합니다. 시한부 1년이라는 괴로운 선고를 받았을 때 사람이 절망을 느끼는 것은, 아무리 노력해도 그 결과를 바꿀 수 없다는 말을 들은 것과 같기 때문입니다. 이는 자유가 생겨나는 것을 방해하며 자유의 범위를 축소합니다.

그런데 의사가 말하는 앞으로 1년은 과거의 사례를 토대로 의학적 근거에 기초해 진단했어도 확실한 판단이 아닐 가능성이 있습니다. 이 경우 선고받은 사람이 선택할 것은 원칙적으로 두 가지가 있습니다. 살아남는다는 이야기를 버릴 것인가, 말 것인가입니다. 그리고 어느 것을 선택하든 선고받은 사람이 결정해야 합니다. 이때 자유가 손상되었다면 스스로 결정하지 않고 마지못해 사회의 주류적 판단을 채용했기 때문입니다. 살아남는 것이 중요하다든가 현실을 수용하는 것이 중요하다는 말을 믿어야 하는 근거는 어디에도 없습니다.

더 나아가자면 '자기 결정'을 하는 것이 중요하다는 생각조차 오해의 소지를 낳습니다. 자기 결정이란 결정하지 않는 것까지 포함하는 개념입니다. 그런 의미에서 계속 우물쭈물하면서 결정하지 않고 살아가는 태도도 존중해야 합니다. 게다가 한번 결정한 것은 언제든 바꿔도 상관없으며 이것이야말로 진정한 자유입니다.

이런 것들을 생각하면서 절망이 '이야기의 포기'에서 발생하지 않는다는 사실에 주의하길 바랍니다. 왜냐하면 이야기를 포기한다면 이야기의 도달점에 얽매일 필요가 없어지기 때문입니다. 이야기에 도달할 수 없다면 이야기를 채용한 것 자체가 실수입니다. 따라서 이를 깨달은 단계에서 이야기의 수행을 멈추는 동시에 이야기를 포기해야 합니다. 이야기의 포기란 목표에 도달하기를 포기한다는 뜻입니다.

달리 생각해 보면, '버릴 수 없는 이야기'(포기할 수 없는 이야기)가 있다는 것은 삶을 누린다는 것이라는 사실을 알 수 있습니다. 그리고 우리의 삶은 '버릴 수 없는 이야기'의 존재를 깨달았을 때 빛납니다. '버릴 수 없는 이야기'를 산다는 것은 결코 고통이 아닙니다. 버리지 못하는 것은 그 이야기가 당신에게 궁극의 이야기이기 때문입니다. 만약 어떤 시점에 '이것은 버릴 수 없는 이야기다.' 하고 느꼈다면 그 사람은 최고의 행복 속에서 살고 있을 겁니다. '버릴 수 없는 이야기'의 존재는 설령 그것이 일단 오늘 하루를 살기위해 빵 한 조각을 얻는 것과 같은 이야기라도 결코 비참하지 않습니다. 비참하다는 감정은 '버릴 수 없는 이야기'에 도달하면서도 그 이야기를 결코 달성할 수 없다고 판단하고 마지못해 살아가는 게으름 때문에 발생합니다.

이야기를 수행한다는 것의 의미

어떤 이야기든 우리가 그것을 수행하는 목표는 세계를 바꾸는 것입니다. 이때 '세계'란 자신이 살아가는 환경이며, 하이데거의 '세계 극장'이라는 의미에서 '세계'입니다. 아주 큰 세계에서 살아가는 사람이 있는 반면, 매우 좁은 세계에서 살아가는 사람도 있습니다. 하지만 크기는 중요하지 않습니다. 왜냐하면 어떤 인간이 인식하는 세계는 하나고, 여기서 말하는 크기란 자신이 관여하고 있다고 인식하는 세계의 크기에 지나지 않기 때문입니다. 아무도 거기에 관여할 수 없습니다. 우리는 내가 관여할 수 있다거나 관여해야만 한다고 생각하는 세계 안에서 살아갈 수밖에 없습니다. 게다가 그 세계의 범위는 언제든 자유롭게 바꿀 수 있습니다.

그리고 이 '세계'에서 어떤 이야기를 수행하고 목표를 이루려고 한다는 것은 '세계를 바꾼다'는 의미가 있습니다. 이 세계에 존재하는 현상 가운데 단 하나를 다른 것에 영향을 미치지 않고 바꿀 수는 없습니다. 어떤 목표를 이룬다는 것은 그 목표에 자신이 도달한다는 세계를 만드는 것입니다. 그때 그 목표 외의 다양한 상황도 동시에 변할 테고, 오히려 세계의 상황이 변하면서 목표가 달성될 수도 있습니다.

예를 들어, 어떤 사람이 식이요법으로 체중을 5킬로그램 줄였다고 합시다. 이것도 한 이야기의 목표입니다. 이 이야기 때문에 그 사람은 승강기를 이용하지 않고 계단으로 다녔을지도 모르고 후식을 끊었을 수도 있습니다. 회사 동료들이 "요새 좀 마른 것 같네." 했을지도 모르고, 가족들이 "무슨 고민 있어?"라며 걱정했을 수도 있습니다. 사소하지만 그 영향은 파문처럼 차례차례 이 세계에 퍼져 갑니다. 그리고 그것이 '그 사람이 바라는 세계'일 겁니다.

어떤 사람의 이야기가 수행되면서 세계가 얼마나 변하는가는 각각의 이야기에 따라 다릅니다. 전 지구나 인류라는 거대한 범위의 세계에 영향을 미쳐서 처음으로 달성되는 이야기가 있고, 한정된 범위에만 영향을 미치는 이야기도 있을 겁니다. 그러나 크기에 상관없이 이야기의 수행은 분명 세계 전체에 영향을 끼칩니다. 예를 들어, 누군가가 아무것도 하지 않아도 목표를 저절로 이룰 수 있다고 생각했을 때 그 사람의 이야기는 그저 시간이 지나기를 기다리는 것입니다. 즉 시간이 세계를 변화시키기를 기다린다는 뜻입니다. 반면에, 그저 시간이 지나는 것만으로는 이뤄지지 않는 이야기를 살아가는 사람은 무언가 행동을 하게 됩니다. 그리고 그 이야기의 수행은 그 행동으로 어떤 시점의 세계를 다른 세계로 바꾸는 것이 목적입니다. 우리는 현재의 세계에 만족하지 않기 때문에 이야기를 수행합니다. 현재의 세계에 완벽히 만족하는 사람이 (별로 없을 것 같지만) 있다면, 그 사람은 어떤 이야기도 수행하지 않는 것입니다.

그리고 이 책에서 거듭 말한 것처럼 이 세계는 결코 이상향이 아니고 건강하지도 않습니다. 이 세계에서 이야기를 수행한다는 것은 이런 세계를 적어도 어떤 개인에게 '나은' 것으로 바꾼다는 의미가 있습니다.

이 시대의 불행은 이 사회에 필요한 사람들이 살아가기 힘들다는 데서 비롯합니다. 물은 낮은 곳으로 흐른다는 말처럼 일상에 매몰되어 살아가는 것이 오늘날 대세를 이루는 행동 방식이라고 할 수 있습니다. 이런 삶의 방식이 압도적으로 편하기 때문입니다.

그리고 이 세계는 변화를 맡아야 할 사람들을 죽이기도 합니다. 그 결과, 이 사회에는 매일매일 매몰되어 살아가는 사람들이 남습니다. 물론 이것이 우리 사회의 선택이라면 인정해야만 합니다. 일상에 매몰되어 살아가는 것이 나쁘다고 말하는 것이 아니라는 데 주의해 주시기를 바랍니다. 하지만 한편으로 매몰되어 살아갈 수 없는 사람들과 혼을 축소하고 사회의 가치관에 굴종하며 살아가는 것을 견딜 수 없어 하는 사람들이 많습니다. 제가 지적하는 것은 이런 사람들의 삶의 방식이야말로 세계를 바꾸는 힘이 될 수 있는 데도 이들이 살아가기 힘든 것이 문제라는 것입니다.

이야기를 되돌리겠습니다. 이 세계를 살아가기 힘들다고 생각하는 사람들 또는 이 세계에서 죽음과 마주하는 사람들만이 우리 세계에서 삶을 생기 넘치는 것으로 바꿀 수 있습니다. 그럼 세계를 바꾸기 위해 우리가 무엇을 할 수 있을까요? 물론 그저 살아남기만 해도 세계를 바꾸는 요소가 될 수 있지만, 이는 적극적인 힘이 못 된다는 것 또한 사실입니다. 또 살아남는 것만 생각한다면 매일 매몰되거나 탐락하면서 살아가기 쉽고, 그래서는 문제가 해결되지 않을 것입니다.

문제는 이 세계의 내부에 잔류하면서도 탐락하지 않고 그 내부에서 '세계를 바꾸는 것'이 어떻게 가능한가입니다. 흔히 말하듯 공격은 최선의 방어입니다. 지금까지 우리가 속박에서 벗어나는 방향으로 문제를 생각했지만, 그렇게 방어적인 방법뿐만 아니라 세계를 바꾸는 공격적이고 적극적인 방법을 생각할 필요가 있습니다. 우리에게는 이를 위한 힘과 무기가 준비되어 있습니다. 그것이 '나'와 '신체'입니다. 이것들이 결코 강력하지는 않지만 그럭저럭 사용할 수 있습니다. 어쨌든 우리에게는 이것밖에 없습니다. 다음 장에서는 힘과 무기로서 '나'와 '신체'에 대해 생각해 보겠습니다.

나란
무엇인가

| 3장

우리가 속박에서 벗어나기 위해 쓸 수 있는 무기는 나 자신밖에 없습니다. 이 장에서는 나 자신, 자기를 나와 신체라는 관점에서 다시 파악하면서 이들을 무기로 쓰는 방법에 대해 검토하겠습니다. 그런데 나 자신과 자기를 인식한다는 행위에도 언어가 쓰입니다. 이것이 '나'라는 요소의 위험한 측면입니다. 우리가 나와 신체를 스스로를 위해 효율적으로 쓸 수 있으려면 그런 상태가 발생하는 구조를 이해해야 합니다.

나란
누구인가

나와 신체

언어는 어떤 사물을 대상화하기 위한 도구입니다. 예를 들어, 소라는 생물을 한 단어로 표현하는 언어도 있고 영어처럼 cow(암소)와 bull(수소) 등 두 가지 단어로 표현하는 언어도 있습니다. (물론 cow가 소 일반을 가리키는 의미로 사용되는 경우도 많습니다.) 사람들이 소를 암수로 나누는 것은 광범하게 목축을 한 문화가 있기 때문입니다. 즉 암소와 수소로 인식하는 것은 소를 대상화하고 제어하기 위한 조처이며, 암컷이냐 수컷이냐가 목축에 중요하다는 말입니다. 목축을 그만큼 널리 하지 않은 나라에서 소는 소 일반을 나타내고, 암컷인지 수컷인지는 별로 중요하지 않습니다. 이때 성별은 소를 제어하는 데 관계하는 요소가 아니라는 사실을 나타냅니다. 농사에 소를 이용할 경우, 소가 암컷인지 수컷인지는 중요하지는 않겠지요.

　인간은 소와 마찬가지로 자기도 대상화할 수 있습니다. 사람은 나라는 존재의 행동을 예측하고 제어하려고 하며, 나를 외부의 시선을 통해 객관적으로 바라봅니다.

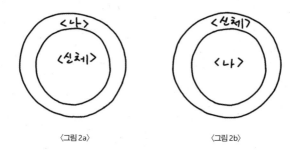

〈그림 2a〉　　　　　　　　〈그림 2b〉

　대상화된 나, 대상화된 신체를 〈 〉로 묶어 〈나〉라고 하겠습니다. 〈나〉는 58쪽 〈그림 1b〉에서처럼 가치와 행위라는 구조를 갖고 있습니다. 그리고 어떤 목표 지점이 있는 행위의 연쇄가 이야기이며, 그 표현 도구가 언어입니다. 즉 〈나〉란 나의 논리적 측면을 말합니다.

　이때 〈나〉는 〈그림 2a〉와 같은 구도로 나타납니다. 이는 〈나〉의 안쪽에 '신체'적인 욕망과 욕구가 존재하며 이들에 따라 〈나〉의 가치와 이야기가 영향을 받는 구조입니다. 〈나〉는 신체를 충분히 제어하지 못한다는 사실을 알고 있습니다. 이를테면 신체가 배고픔을 느낄 때 식사를 하고, 신체가 피로할 때 휴식을 취합니다. 이는

〈나〉가 신체의 지배하에 있다는 사실을 나타내는 도식입니다. 이때 〈나〉는 욕망과 욕구 및 이들을 발생시키는 신체를 대상화하고 제어해야만 한다고 느낍니다. 이렇게 '제어 대상으로서 대상화된 신체'를 〈신체〉라고 표기하겠습니다.

〈나〉는 '제어의 주체자'가 되기 위해 〈신체〉를 자세히 관찰하며 대상화하려고 합니다. 그러면 〈그림 2b〉와 같은 구조가 존재한다는 사실을 깨닫게 됩니다. 이는 〈신체〉 안쪽에 존재하는 〈나〉가, 발생하는 욕구와 욕망을 제어하거나 이용하는 구도입니다. 우리는 이렇게 '대상화된 자기'로서 〈나〉와 〈신체〉를 적절히 제어하면서 잘살아 가려고 하는 존재입니다. 그러나 잘 살펴보면 〈그림 2a〉와 〈그림 2b〉는 서로 포개지는 기묘한 구조가 있습니다. 여기에서 〈나〉와 〈신체〉를 어떻게 잘 제어할 수 있을지가 중요한 문제라는 사실을 알 수 있습니다.

나는 내 모습을 부끄러워한다

사람은 옷을 입는 동물입니다. 그리고 자신의 알몸이 다른 사람의 눈에 띄는 것을 부끄럽게 여기는 유일한 동물입니다. 프랑스의 철학자 레비나스(Emmanuel Lévinas, 1906~1995)는 이에 대해 『탈출에 관해서(De lévasion)』에서 다음과 같이 분석합니다.

그래서 수치스러운 벌거벗음과 관련해 문제가 되는 것은 신체의 벌거벗음만이 아니다. 수치라는 형태 아래서 수치심이 맨 먼저 우리 신체와 연결된다는 점은 순전히 우연의 결과는 아니다. 그렇다면 수치스러운 벌거벗음의 의미는 무엇인가? 그것은 우리가 타자에게 감추고 싶어 하는 것, 또한 자기 자신에게도 감추고 싶은 것이 있다는 사실을 의미한다. 수치심의 이런 양상은 자주 무시된다. 우리는 수치심 안에서 수치심의 사회적 양상을 본다. 우리는 수치심의 가장 깊은 심연 속에서 나타나는 것이 근본적으로는 개인의 문제라는 것을 망각한다. 만일 수치심이 나타난다면, 이는 우리가 감추고 싶은 것을 감추지 못한다는 사실을 의미한다.[11]

육체는 나 자신을 구성하는 중요한 요소라기보다 오히려 나 자체일 것입니다. 그럼에도 우리는 육체를 감추고 싶다고 생각합니다. 이탈리아의 철학자 아감벤(Giorgio Agamben, 1942~)은 이런 레비나스의 분석을 더 발전시켜 다음과 같이 말합니다.

부끄러워한다는 것의 의미는 다음과 같다. 받아들일 수 없기에 떠넘기게 되는 것이다. 그러나 이 받아들일 수 없는 것은 외부에 존재하는 것이 아니라 오히려 우리의 내밀함에서 유래한다. 이는 우리 내부 깊숙이 존재하는 것(예를 들면, 우리의 생리학적인 삶 자체)이다.[12]

우리는 내부에 도저히 받아들일 수 없는 무언가를 품고 있는 존재입니다. 아감벤은 이를 생리학적인 삶 자체라고 표현하고 있습니다. 즉 생명체로서 나를 있는 그대로 받아들일 수 없다고 인식하는 것이 '부끄러워함'의 의미라는 말입니다. 이를 단적으로 말하자면, '나는 저런 것이 아니다'라는 뜻입니다. 그때 나의 내부에는 '받아들일 수 없는 것으로서 삶 자체'와 '받아들일 수 없다고 느끼는 주체로서 무언가'라는 두 요소가 존재한다고 생각해야 합니다.

'나'라는 존재의 중심에 존재하는 것

문제는 신체와 나 사이에 〈그림 2a〉와 〈그림 2b〉처럼 모순되는 듯한 관계가 존재한다는 사실입니다. 그러나 이는 결코 모순 관계가 아닙니다. 이 두 가지 구도에는 대상화할 때의 시점에 따라 발생하는 차이가 존재한다고 생각할 수 있습니다.

〈그림 2c〉에서는 신체와 나를 각각 둥근 구(球)에 비유합니다. 이것들에 중첩되는 부분인 〈신체∩나〉가 있습니다. 중첩되는 구를 볼 때 '시점 a'를 취하면 〈그림 2a〉처럼 보입니다. ('나' 측에서 맞은편에 있는 〈신체〉는 그림자에 가려져 보이지 않는다고 상정합니다. 〈신체〉로서 보이는 것은 중첩된 부분입니다.) 또 '시점 b'에서는 〈그림 2b〉처럼 보입니다.

앞서 말한 아감벤의 개념에 따른 '도저히 받아들일 수 없는 무언가'란 〈그림 2c〉에서 〈신체∩나〉 부분에 자리한다고 생각할 수 있습니다. 우리는 자기를 제어하려고 대상화하며 그러는 가운데 〈신체〉를 제어할 수 없는 것으로 봅니다. 이것은 욕망과 쾌락에 따라 움직이는 살아 있는 몸뚱이인 나이기도 합니다. 이런 나를 받아들일 수 없는 것이 이를 제어할 수 없기 때문만은 아닙니다. 이를 제어하려고 〈그림 2c〉의 시점 b를 취했을 때, 우리는 (본래 제어 대상이어야 할) 〈신체〉 안에서 〈나〉라는 존재를 봅니다. 욕망이나 쾌락에 따라 움직이는 살아 있는 몸뚱이인 나는 시점 b에서 보면 〈나〉 자체입니다.

이 쳇바퀴는 여기에서 설명하는 개념만으로는 해소되지 않습니다. 이 구도를 받아들일 수 없는 것은 당연합니다. 어느 방향에서 보아도 제어할 수 없는 어두운 부분이 존재하기 때문입니다.

여기서 주의해야 하는 것은 앞의 구도에서 〈신체∩나〉로 표현되

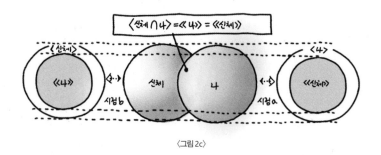

〈그림 2c〉

는 부분이 〈나〉로 보인다는 사실입니다. 〈신체∩나〉 부분을 《나》라고 하겠습니다. 즉 《나》란 신체와 내가 겹쳐진 곳에서 발생하는 나의 중심에 존재하는 것이며 받아들일 수 없는 삶 자체입니다. 《나》와 〈나〉의 차이에 주의하기를 바랍니다. 즉 〈나〉란 대상화된 자기의 논리적인 측면이며 《나》는 삶 자체로서 나의 존재입니다.

나의 행위는
전부 나에게
귀속되는가

나는 정말 주체자인가: 비트겐슈타인의 언어 놀이론

우리의 주체가 무엇인가에 대해 생각하는 것을 주체 문제 또는 주체의 형이상학이라고 부르기도 합니다. 주체란, 나라는 인간을 제어하는 어떤 존재입니다. 나는 당연히 내가 제어한다고 생각할지 모르지만, 과연 우리가 우리 자신을 제어할 수 있을까요? 그리고 제어하는 측과 제어당하는 측에 모두 당신(여기에서는 '나'라고 하겠습니다.)이 자리하지만, 이들이 같을까요? 자율적인 제어(자기 자신에 대한 제어)가 불가능하지는 않지만, 자율적으로 제어할 수 있다고 생각해도 제어하는 측과 제어당하는 측이 존재합니다. 예를 들어, 자율적으로 일하는 로봇의 경우 제어하는 측은 컴퓨터고 제어당하는 측은 모터나 센서 등입니다.

인간의 경우는 어떨까요? 뇌가 제어하는 측이고 신체가 제어당하는 측이라는 도식으로는 제대로 설명되지 않는 것이 분명합니다. 우리는 자신의 머리에 떠오르는 생각까지 스스로 제어하고 있다고 느끼기 때문입니다. 저는 제 의사를 저 자신이 구동한다는 것을 믿어 의심치 않습니다. '내 뇌리에 떠오르는 생각이 내 활동에서 비롯하는가, 아닌가?'라는 의문은 우문이라는 사실을 직감적으로 압니다.

지금 제 뇌리에서 발생하는 사고는 언어로 표현됩니다. 언어 이외의 방법으로 표현된 제 사고를 저는 인식할 수 없습니다. 원고를 쓰면서 자판을 계속 쳐서 왼손이 좀 저리지만 이 또한 저리다는 말로 표현하기 전까지는 깨닫지 못합니다. 그리고 '지금 졸리는 듯한' 느낌도 뇌에서 '졸리는 듯하다'고 언어화된 순간에 느낀 것이며 그 전에는 생각해 보지도 않던 것이라고 할 수 있습니다. 이런 나는 정말로 주체자일까요? 나의 행위는 순수한 의미에서 전부 나에게 귀속된다고 말할 수 있을까요? 이 문제를 상세히 검토한 사람이 비트겐슈타인입니다.

빈에서 태어난 철학자 비트겐슈타인은 만약 주체자가 나라면 나만의 세계라는 것을 생각할 수 있어야 한다고 보았습니다. 단적으로 말하자면, 내 의식 내부 세계만이 세계 자체이며 그 이외(내 의식의 바깥)는 생각할 필요가 없다는 뜻이며 이를 독아론(獨我論)이라고 합니다. 그리고 나아가서 만약 내 의식의 외부를 생각할 필요가 없다면 나만이 이해할 수 있는 언어라는 것이 존재할 거라고 사유를 진전시켜 이를 사적(私的) 언어라고 불렀습니다.

언어의 기본적 기능으로 명명(命名)이 있습니다. 언어란 무언가에 이름을 붙이는, 즉 명명하는 것을 기초로 삼는다는 뜻입니다. 물론 이것만이 언어의 기능은 아닙니다. 사적 언어가 성립하려면 사적 명명이 가능해야만 합니다. 왜냐하면 명명은 언어를 성립시키는 기본적인 기능이므로 사적 언어가 가능하다면 당연히 사적 명명이 가능해질 것이기 때문입니다. 그렇지만 사적 명명이란 결국 자기 자신에게만 통하는 무언가의 이름을 상정하는 것입니다. 비트겐슈타인의 독아론 증명은 여기에서 암초에 부딪힙니다. 사적 명명이 불가능한 것이 그 이유입니다. 예를 들어, 당신이 전혀 알지 못하는 부부 사이에서 태어난 아이를 봤다고 합시다. 그때 당신이 마음대로 (마음속으로) '오늘부터 이 아이가 나한테는 철수다.'라고 생각한들 무슨 의미가 있을까요?

비트겐슈타인은 이런 사적 명명이 시늉에 지나지 않는다고 생각했습니다. 명명이란, 제도이며 명명할 권리를 가진 인간만 할 수 있는 행위입니다. 명명은 제도로 뒷받침되고, 제도는 독아론적 세계에 존재할 수 없습니다. 왜냐하면 제도는 타자가 있어서 처음으로 성립하는 개념이기 때문입니다. 제가 명명할 권리를 갖고 있다 해도 명명한다는 행위 자체가 이미 타자를 포함합니다. 타자에게 무언가를 전달하기 위해 명명할 필요가 있고, 만약 나 혼자만의 세계를 생각한다면 명명에는 아무런 의미도 없습니다. 더 나아가자면 독아론적 세계에서 명명했다 해도 그 이름을 적정하게 사용하는지는 나 자신만 확인할 수 있습니다.

그래서 비트겐슈타인은 사적 언어란 존재할 수 없다고 결론짓습니다. 사적 언어가 존재하지 않는다는 것은 독아론이 성립할 수 없다는 뜻입니다. 게다가 독아론이 성립할 수 없다는 사실은 나 이외의 무언가가 이 세계에 존재한다는 것을 드러냅니다. 나 이외의 무언가가 바로 타자입니다. 타자란 내가 인식하는 타인과는 다른 개념입니다. 우리는 어떤 사람을 그 사람이 맡은 구실에 따라 인식하는데, 이는 그 사람을 도구나 사물로 인식하는 것과 마찬가지입니다. 이렇게 도구, 사물, 구실로 인식된 어떤 사람은 '타인'입니다. 그러나 비트겐슈타인이 말하는 '타자'란 이런 타인이 아닙니다. 타자는 내 사고 안에서 어떤 형상(形象)으로 존재하는 타인이 아닌, 나와는 별도로 존재하는 어떤 존재입니다.

사람은 언어라는 제도에 따라 행동한다

비트겐슈타인은 '언어의 의미는 사용에 있다'고 생각했습니다.

이는 '만약 언어에 의미라고 부를 만한 요소가 있다면, 이는 언어 제도에 따라 언어를 사용한다는 사실에만 존재한다'는 뜻입니다. 우리는 어떤 단어의 의미를 안다고 생각합니다. 하지만 사전적 의미를 아는 것과 단어가 가리키는 것 자체를 안다는 것은 다릅니다. 사전을 펼쳤을 때 우리는 어떤 단어 설명이 다른 단어들을 나열한 것이라는 사실을 깨닫습니다. 여기서 우리가 알 수 있는 것은 어떤 단어가 다른 단어의 나열로 치환될 수 있다는 사실뿐입니다. 만약 의미가 단어의 치환에는 존재하지 않는다면 우리는 어떻게 생명이나 혼이라는 단어의 의미를 아는 것일까요?

비트겐슈타인은 어떤 개념(을 나타내는 단어)을 다른 개념으로 치환해 설명하는 것에서는 의미가 발생하지 않는다고 지적합니다. 이에 관해 형광등이 빛나게 되는 구조를 예로 들어 생각해 보겠습니다.

형광등의 양 끝에 설치된 전극에는 전압이 걸려 있으며 그 전압은 상용주파수로 교류(시간에 따라 크기와 방향이 주기적으로 변동)한다. 이에 따라 관(管) 안에서는 전자가 돌아다니는데, 이 전자들이 관 안쪽에서 충돌한다. 형광등 안쪽에는 형광물질이 발려 있는데, 이 형광물질은 전자가 충돌하면 빛을 낸다. 이는 '광전효과'라고 불리며 아인슈타인이 이에 대한 연구로 노벨상을 받았다.

이 글을 읽고 뜻을 알았다거나 구조가 이해된다고 생각한 사람이 있다면, 그런 생각은 오해입니다. 여기에는 전극, 전압, 헤르츠, 형광물질, 광전효과, 전자의 충돌 등 여러 개념이 포함되어 있으며 이들을 이해하려면 다른 설명이 필요합니다. 설명이란 늘 어떤 개념의, 다른 개념에 기초한 치환입니다. 형광등(이 빛나게 되는 구조)이라는 개념을 여러 다른 개념을 조합해 치환한 것이 앞의 설명입니다. 실제로 앞에서는 빛이 나게 되는 구조를 설명하는 데 '전자가 충돌하면 빛을 낸다'는 말을 써서 '빛나다'는 개념 설명에 '빛을 낸다'는 개념이 포함되고 말았습니다. 여기서 예로 든 것은 무척 단순하지만, 어떤 경우든 설명은 반드시 어떤 단계에서 순환합니다.

우리가 '이해했다'고 생각하는 것은 그 설명을 적절히 사용할 수 있다고 생각하는 것에 지나지 않습니다. 단적으로 말해, 앞의 설명을 '납득할 수 있는' 사람은 그 설명에 사용되는 모든 개념을 '적절하게 사용할 수 있는' 사람뿐입니다. 광전효과는 매우 위험한 개념이지만, 이 개념의 본질을 이해하지 않았더라도 적절하게 사용할 수 있습니다. 덧붙이자면, 광전효과의 본질을 이해하는 사람이 있다면 만나보고 싶네요.

이 지구상에 전파라는 단어가 본래 무엇을 의미하는지 아는 사람은 없습니다. 저는 전자통신공학을 전공했는데, 전파를 설명할 수는 있어도 전파의 본래 의미 같은 것은 모릅니다. 중력도, 공간도, 빛도 그렇습니다. 하지만 저는 전파, 중력, 공간, 빛을 어떤 문맥에서 적절하게 쓸 수 있습니다. 즉 의미란 언어라는 제도에 따라 사용하도록 되어 있고, 만약 의미가 있다면 이는 '적절한 사용'이라는 '의미' 외의 것으로는 생각할 수 없습니다. 그리고 '언어의 의미란 사용'이라는 말의 의미는 언어 제도에 따라 언어를 사용하는 것이야말로 언어에 생명(의미)을 부여하는 원인이라는 뜻입니다. 우리는 언어라는 제도에 따라 사고하고 행동합니다. 이는 앞서 말했듯이 언어의 속박이지만, 우리는 이를 따를 수밖에 없는 존재입니다.

'나'라는 언어 놀이

비트겐슈타인은 '언어는 제도'라는 사고를 한 걸음 더 진전시켜 그런 제도에 따르는 우리 모습을 검토했습니다.

주체가 '나 개인' 또는 '자아'에 존재한다는 것은 명백하게 받아들여지는 사실이 아닙니다. 우리는 언어를 통해 사고하고 그 사고야말로 자아 또는 나라고 생각합니다. 그리고 언어의 의미가 사용에 있으며 언어 제도에 따라 언어를 사용하는 것이 언어에 생명을 부여하는 원인이라면, 사고의 주체는 언어 제도가 됩니다. 즉 우리는 자아 또는 나 개인으로 사고하는 것이 아니라, 언어 제도에 따라 언어를 사용하는 상태를 '나의 사고'라고 부를 뿐입니다. 게다가 독아론은 앞서 보았듯 이미 폐기되었습니다.

그럼에도 우리는 '내가 생각한다'고 생각합니다. 이 실감이 무엇 때문에 발생하는가를 비트겐슈타인은 **초월 확실성 언명**이라는 개념을 통해 다시 검토합니다.

예를 들어, 당신이 지금 이 책의 이 부분을 읽는다는 것이 당신에게는 움직일 수 없는 사실입니다. 당신 자신이 이를 부정하는 것은 불가능합니다. 이와 동시에 저는 지금 이 책의 이 부분을 쓰고 있습니다. 이것도 저 자신이 부정할 수는 없습니다. (하지만 시차가 있으니 당신이 읽는다는 시간적 위치와 제가 쓴다는 시간적 위치는 다릅니다. 하지만 이런 사실은 지엽적인 문제입니다.) 여기서는 일단 저는 제외하고 당신으로 한정해 이야기를 진행하겠습니다. 구체적으로 표현하자면, 나는 지금 이 책의 이 부분을 읽는다고 당신이 말한다고 가정합니다. 이를 언명 α라고 합시다. 지금 이 언명 α를 부정하는 것이 당신에게는 불가능한 일입니다. 그리고 당신이 언명 α를 누군가에게 이야기했다고 합시다. 상대방이 누구인지는 상관없습니다. 이웃, 친구, 연인, 남편, 아내, 형제 또는 인터넷에서 이야기를 주고받는 임의의 다수라도 매한가지입니다. 이때 당신은 언명 α가 사실임을 의심할 수 없으며 증명할 수도 없습니다. 언명 α는 당신에게 아주 확실한 사실이며 일체의 의심을 거부하는 언명입니다. 이렇게 아무런 근거 없이 당신이 믿고 주장할 수밖에 없는 언명을 '초월 확실성 언명'이라고 부릅니다.

다른 예로 초월 확실성 언명이 무엇인지 보겠습니다. '나는 내가 다카다라는 사실을 안다'라든가 '나는 내 머리가 하나라는 사실을 안다' 등이 그렇습니다. 이에 대해 '보면 알 것'이라고 한들 제 말이 증명이라고 할 수는 없습니다. 내가 눈으로 본 것이 맞고, 내 인식이 맞다는 것은 어떻게 해도 증명할 수 없습니다. 단지 그렇게 보일 뿐이고 어쩌면 (물론 그럴 리는 없습니다만) 제 머리가 둘일지도 모른다는 반론에 맞설 수는 없습니다. 이럴 때 우리는 누가 뭐라고 한들 분명 그러니까 그런 것이라고 이야기합니다. 이때 우리는 언명 α를 아무런 근거 없이 수용하기 위한 그릇의 자리에 〈나〉나 '자아'를 놓습니다. 그렇게 함으로써 〈나〉나 '자아'가 그 언명의 올바름을 받아들인다고 선언하는 것입니다. 그리고 만약 이것이 잘못되었다면 〈나〉 자체의 존재조차 잘못된 것이 됩니다.

그런데 초월 확실성 언명을 부정당하거나 의심받을 경우 〈나〉는 이에 반론할 것입니다. 그때 우리는 '〈나〉라는 언어 놀이'를 하고 있다고 말합니다. 왜 초월 확실성 언명을 부정당한 〈나〉는 반론할까요? 그것은 초월 확실성 언명의 구속을 받아들이는 그릇 또는 기반이 〈나〉이기 때문이며, 그 기반 위에 우리의 언어나 이야기가 구축되어 가기 때문입니다. 거꾸로 말하자면, 이 기반이 모호할 때 그 위에 구축되는 언어나 이야기는 사상누각처럼 허약한 것이 되고 맙니다. 그리고 이 기반은 싸운다는 의지로 지탱됩니다. 예를 들어, "나는 그 약속을 지킨다. 왜냐하면 내가 약속했기 때문이다."라고 했을 경우 그 근거는 오직 그것을 지킨다는 〈나〉의 의지에만 존재합니다.

이는 내가 서 있는 지면을 내가 떠받치고 있는 것과 유사합니다. 즉 〈나〉는 초월 확실성 언명이라는 기반에 따라 발생하는 기능·현상이지만, 그것이 발생한 단계에서 이번에는 거꾸로 〈나〉, 즉 '자기'가 그 초월 확실성 언명이라는 기반을 지탱하게 됩니다.

속박에서
벗어나기

언어와 가치의 속박

우리가 언어의 속박에서 벗어나려면 '언어'를 소유해야 합니다. 여기서 소유라는 개념을 다시 생각해 봅시다. 언어를 소유한다는 것은 이를 어떤 식으로도 사용할 수 있다, 버릴 수도 있다 또는 이를 만들어 낼 수도 있다는 것을 의미합니다.

그렇다면 그 언어를 소유하는 주체는 무엇일까요? 앞에서 아무런 근거 없이 믿고 주장할 수밖에 없는 언명을 초월 확실성 언명이라고 이야기했습니다. 이 초월 확실성 언명을 받아들이는 그릇이나 기반의 자리에 우리는 〈나〉를 가져다 놓습니다. 이 〈나〉를 유지하는 것은 〈나〉의 **싸운다는 의지**입니다. 초월 확실성 언명을 버릴 수도 있습니다. 하지만 전부 버릴 수는 없습니다. 버릴 수 없는 초월 확실성 언명에 도달했을 때, 〈나〉는 그것을 지키려고 싸우면서 '주체로서 〈나〉'가 발생합니다. 이 주체로서 〈나〉가 언어를 소유하는 주체자입니다. 〈나〉는 〈나〉가 행하는 초월 확실성 언명과 모순되는 언명(글)을 부정합니다. 또한 그것과 모순되지 않게 언어를 사용합니다. 이때 〈나〉는 언어를 만들어 내는 자가 됩니다.

우리는 본래 언어를 만들어 내는 자입니다. 수많은 단어를 써서 대화할 때 그 단어들은 늘 새로운 의미로 쓰입니다. 미묘(微妙)라는 말의 의미를 생각해 봅시다. 실제로 몇몇 학생에게 물어보았더니 그들의 대답은 다 달랐습니다. 어떤 학생은 잘 모르겠다는 뜻이라고 하고, 다른 학생은 대답하기 까다롭다는 뜻이라고 하고, 또 다른 학생은 큰 차이가 나지 않는다는 뜻이라고 해서 바로 그 자리에서 논의가 발생할 정도였습니다. 각자 다른 의미로 이 단어를 쓰다 논의가 끝난 뒤에는 다시 각자 (논의의 영향을 받아) 다른 의미로 쓸 것입니다. 경우에 따라 한 개인에게도 그 단어는 늘 새로운 의미를 띠게 됩니다. 이 경우 언어를 만든다는 것은 결코 새로운 단어를 만든다는 의미가 아닙니다. 이는 언어를 새로운 의미로 쓰는 것이며, 이런 점에서 우리는 늘 새로운 의미를 생성합니다. 거꾸로 말하자면, 이미 정의된 의미대로 언어를 쓰는 것은 불가능합니다.

따라서 언어의 속박은 자신이 쓰는 언어가 새로운 의미를 띠고 있다는 것을 인식하지 못하면서 발생합니다. 또한 자신이 받아들인 말에 자신이 새로운 의미를 부여하고 그것을 인식한다는 점을 깨닫지 못하기 때문에 발생합니다. 달리 말하자면, 이는 내가 어느 시점에 쓴 단어는 늘 새로운 의미로 쓰인다고 인식하면서 타자가 쓰는 단어도 같다고 인식하는 것입니다. 이는 오히려 당연한 일입니다. 우리는 엄밀한 의미에서 같은 단어를 같은 의미로 쓸 수 없습니다. 그래서 언어는 늘 새로울 수밖에 없습니다.

이때 (불완전하지만) 언어를 통한 의사소통이 가능한 것은 이해할 수 없는 타자를 이해하려고 하는 의지에 따라 의사소통이 발생하기 때문이지, 어떤 언어 체계에 따라 적절하게 말을 쓰기 때문이 아닙니다. 우리는 어떤 개념을 전달하려고 할 때 이 단어는 이런 의미로 쓸 것이라고 추측하고 그것에 아주 가까운 새로운 의미를 부여하면서 말합니다. 앞에서도 말했지만, 이때 언어의 주체자는 〈나〉입니다.

여기서 〈나〉가 사전적으로 올바른 의미의 단어를 쓰고 있다고 생각한다면 언어의 주체자는 언어 체계가 됩니다. 그러나 '언어의 주체자는 언어 체계'라는 것 자체가 본래 성립할 수 없는 사고방식입니다. 왜냐하면 우리는 언어 체계에 따른 단어 사용을 할 수 없기 때문입니다. 이런 의미에서 언어 체계란 가공의 개념에 지나지 않습니다. 누구도 사전적으로 말을 쓸 수 없기 때문입니다.

2장에서 검토한 가치에 대해 다시 생각해 보겠습니다. 가치의 속박에서 벗어나려면 가치를 소유해야 하는데, 앞서 말했듯이 우리는 늘 새로운 의미를 만들어 냅니다. 이런 의미에서 우리는 당연히 가치를 소유하는 쪽이라고 할 수 있습니다. 그런데 여기서 가치의 주체자는 가치를 만들어 내는 쪽이 아니라 가치를 받아들여 이익을 얻는 것이라는 사실에 주의해야 합니다. 왜냐하면 가치란 그것을 받아들이면서 발생하는 것이며, 그것을 드러내면서 가치라는 개념 자체가 성립하지는 않기 때문입니다. 즉 가치를 소유한다는 것은 가치를 받아들여 이익을 얻는다고 인식하는 것과 같습니다. 레비나스의 용어를 따를 경우, 가치란 양식(糧食)입니다.

이렇게 언어와 가치의 속박에서 벗어나려면 언어와 가치의 본질을 이해하는 것만으로도 충분합니다. 거꾸로 말하자면 언어는 언어 체계가, 가치는 그것을 만들어 내는 쪽이 주체자라고 생각함으로써 이들의 속박이 발생합니다. 양쪽 다 오해라는 사실을 인식하기만 해도 이들의 속박에서 벗어날 수 있습니다.

이야기와 세계의 속박

이야기와 세계는 언어와 가치에 따라 구성되어 있습니다. 따라서 언어와 가치를 소유한 인간이 이야기와 세계를 소유하기란 비교적 쉬울 것입니다.

여기서 세계란, 하이데거의 용어로는 세계 극장이며 배역 세계를 뜻한다는 사실에 주의하기를 바랍니다. 물론 이 의미가 아닌 다른 '세계'는 존재하지 않습니다.

이야기의 소유는 우선 '이야기를 만들어 낼 수 있다는 것'을 전제로 삼습니다. 앞 장에서 한 이야기를 떠올려 보십시오. 모든 인간이 각각 다른 이야기를 살고 있습니다. 두 사람 이상이 같은 이야기, 같은 세계를 가질 수는 없습니다. 이들은 설령 모방했다 하더라도 각각의 이야기이며 각각의 세계입니다. 그리고 그 이야기를 언제든 버릴 수 있는 상태를 유지할 필요가 생깁니다. 이때 이야기를 소유하는 주체자는 물론 〈나〉입니다.

세계의 소유도 같습니다. 우리는 세계를 만들 수 있고, 이를 어떤 식으로든 다룰 수 있습니다. 중요한 이야기라서 반복하겠습니다. 우리는 이야기를 만들고 버릴 수 있으며 세계를 만들고 버릴 수도 있습니다. 이런 상태가 소유고, 소유할 때 이들의 속박에서 벗어날 수 있습니다.

사회의 속박

사회란 타인의 집합입니다. 타인이 모여 세계를 구성할 때, 그 양상을 사회라고 합니다. 여기서 사회를 제도와 기구(機構)의 집합으로 다시 정의하겠습니다. 기구란 어떤 규칙에 따라 구성된 조직이나 계층구조를 가리키는 개념이므로 이것도 제도 안에 넣겠습니다. 즉 사회를 제도의 집합으로 생각하려고 합니다.

지금까지 내가 언어, 가치, 이야기, 세계를 소유함으로써 이들의 속박에서 벗어날 수 있다고 생각했습니다. 그런데 내가 소유하는 언어, 가치, 이야기, 세계는 타인이 소유하는 그것들과 모순을 일으키는 경우가 있습니다. 그리고 사회가 제도의 집합이라는 사실은 거기에 자신 이외에 어떤 존재가 있다는 데서 비롯합니다. 그것이 타인입니다. 이 타인들은 각각 다양한 언어, 가치, 이야기, 세계를 갖고 있습니다. 그리고 이들을 조정하기 위해 제도가 필요해집니다.

물론 이 제도의 집합을 만들어 내는 것은 인간이지만 안타깝게도 저는 제도를 만드는 쪽의 인간이 아닙니다. 또한 정치가나 관료 등 제도를 만드는 인간이라 하더라도 모든 제도를 만들 수는 없습니다. 또한 여기서 제도란 그저 법 제도만이 아니라 여러 인간의 이해를 조정하기 위해 발생하는 구조도 해당합니다. 즉 제도를 만드는 것은 개인이 아니고, 이때 적어도 개인은 사회를 소유할 수 없습니다. 저는 사회라는 이름을 지닌 제도의 집합에 고분고분 따를 뿐인 존재입니다. 언어도 사회와 마찬가지로 제도의 집합이라는 양상을 보이지만, 우리는 언어 세계의 주인이 될 수 있습니다. 그러나 이에 비해 사회라는 제도 세계의 주인이 되기란 매우 어렵습니다. 왜냐하면 제도를 만드는 쪽도 아니고 제도를 버릴 수도 없는 상태가 존재하기 때문입니다. 제도를 만들고 버릴 수 있는 위치를 확보하려고 했을 경우, 이를 구체적으로 실행하려면 반사회적 조직의 대표자 같은 존재가 될 수밖에 없습니다. 이 또한 자유이기는 하지만 그다지 장려할 만한 해결 방법은 아닙니다. 이 방법을 채용하는 사람이 의외로 많다는 사실에도 주의가 필요합니다.

물론 이것도 하나의 선택이라는 사실에 주의해야 합니다. 하지만 그것이 반사회적일 경우 그 조직과 단체를 존속시키기는 매우 힘들고, 이들을 존속시키려고 노력하면 할수록 자신이 만든 조직이나 제도에 속박되는 경우가 보통입니다. 이렇게 제도를 버리는 것이 불가능해지기 때문에 결국 속박에서 벗어날 수 없는 경우가 많다고 할 수 있습니다. 즉 '사회 α'에서 벗어나 새로운 '사회 β'를 만들어도 결국 '사회 β'에서 벗어나지 못하고, 오히려 '사회 β'에 더욱 구애받게 되는 것은 다양한 사건을 살펴볼 때 명백합니다. 그렇게 되지 않기 위해서라도 제도의 속박에서 벗어나려면 제도를 소유해야만 합니다. 제도를 다시 정의하자면 고정화된, 타자와의 관계입니다. 제도를 소유하려면 타자를 살펴볼 필요가 있으므로 타자에 관해 검토한 다음, 제도의 소유에 관해 생각해 보겠습니다.

'나'라는 존재의 핵심

지금까지 언어·가치·이야기·세계를 소유하는 주체자가 언어를 통해 대상화된 나, 즉 〈나〉라는 사실을 살펴보았습니다. 그런데 이 〈나〉가 제어하고 대상화하는 〈신체〉를 자리매김하는 것도 중요합니다. 〈신체〉가 속박을 만드는 경우도 있기 때문입니다. 그때 〈신체〉를 소유함으로써 그 속박에서 벗어날 수 있지만, 〈신체〉를 소유한다고 할 때 그 주어(주체)가 무엇인지는 그다지 문제 삼지 않았습니다. 이들을 소유하는 주체가 〈나〉와 〈신체〉를 포함하는 '나'라고 해도 모순이 생기지 않기 때문입니다. 하지만 '나'라는 개념에 이미 〈신체〉가 포함되어 있다 하더라도 '나'가 과연 이 〈신체〉를 소유할 수 있을까라는 문제는 반드시 생각해 봐야만 합니다.

한편으로는 〈나〉마저 속박을 구성하는 요소가 되기도 합니다. 〈나〉는 초월 확실성 언명을 통해 발생하며 초월 확실성 언명은 '내가 나이기 위해' 필요하지만 때로는 이것조차 속박이 됩니다. 이때 우리는 〈나〉를 소유할 수 없게 되는데, 마찬가지로 〈신체〉도 소유할 수 없습니다. 과연 '나'는 〈나〉를 소유할 수 있을까요?

여기서 117쪽의 〈그림 2c〉를 다시 살펴보겠습니다. 그 중심에 《나》라는 개념이 존재합니다. 〈나〉가 〈신체〉의 속박을 받거나 〈신체〉가 〈나〉의 속박을 받는 것처럼 보일 때 겹쳐져 드러나지 않는

〈신체〉와 〈나〉의 부분이 《나》입니다.

이 《나》가 핵심이 되고, 그 주위에 〈나〉와 〈신체〉가 구성되어 갑니다. 그 결과로서 만들어진 것이 〈그림 2c〉의 구조입니다. 따라서 적어도 겉보기에는 〈나〉와 〈신체〉를 소유할 수 있고, 이때 소유하는 주체자는 《나》입니다. 그리고 《나》는 나라는 존재의 중심에 있으므로 《나》 자체의 소유가 어떤 것인지 생각하기는 어렵습니다.

이어지는 4장에서는 우리 존재의 핵심인 《나》가 어떻게 성립되는지 확인하고 〈나〉와 〈신체〉의 소유를 생각해 보겠습니다.

나에게
타자란
무엇인가

앞 장에서 이야기한 것처럼 〈나〉와 〈신체〉라는 요소만으로는 속박에서 벗어나기 힘든 사태가 생겨납니다. 여기에서 '나라는 존재의 핵심'으로서 《나》라는 좀 까다로운 개념을 도입했습니다. 이 《나》야말로 〈나〉와 〈신체〉를 소유하는 주체자이며 〈나〉와 〈신체〉를 만들어 가는 기반이기도 합니다.

여기서 〈나〉와 《나》에 관해 다시 정리해 보겠습니다. 〈나〉는 다음과 같은 의미가 있습니다. 이것들은 같은 대상에 대한 다른 표현입니다.

① 언어를 써서 대상화된 나의 상(像)

② 초월 확실성 언명(즉 언어)의 집합 또는 그에 따라 뒷받침되는 자기의 상

③ 나의 논리적인 측면(언어에 따라 인식·구축된 '나')

이에 비해 《나》는 다음과 같은 의미가 있습니다. 이것들 또한 같은 대상에 대한 다른 표현입니다.

① 〈나〉의 핵심 부분에 있으면서 〈나〉의 존재를 뒷받침하는 것

② 〈신체〉의 핵심 부분에 있으면서 대상화된 〈신체〉를 뒷받침하는 것

③ 삶 자체로서 나의 존재

한편 이 세계에는 타자가 존재합니다. 타자라는 개념은 이해하기가 좀 까다롭지만, 우리가 속박에서 벗어나는 데 아주 중요한 역할을 맡았다고 할 수 있습니다. 앞에서도 이야기했지만 '타자'와 '타인'은 다른 개념이라는 사실에 주의하기를 바랍니다. 〈나〉가 타자를 인식했을 때 그 인식된 상을 '타인'이라고 부릅니다. 이 장에서는 우선 '타자란 무엇인가'에 대해 살펴보고 우리가 속박에서 벗어나려고 할 때 그것이 어떤 역할을 맡는지 검토하겠습니다.

그런데 이야기와 세계를 소유한 인간은 그 이야기를 수행할 때라든가 세계 인식에서 타자와 대립합니다. 사회란 다른 이야기를 살아가는 사람들의 집합체라서 어긋남이 생기는 것이 당연합니다. 이 '어긋남'을 조정해 같은 것을 목표로 삼을 필요는 없습니다. 타자의 이해 불가능성을 인식하고, 싸우고, 공진(共振)하는 것을 목표로 삼기만 해도 사회를 소유할 수 있습니다. 이때 우리는 사회를 버릴 수 있고, 바꿀 수도 있습니다. 바꾸는 데는 낡은 사회를 버리는 것도 포함됩니다. 즉 타자의 존재를 상정함으로써 사회를 소유할 수 있고, 이들의 속박에서 벗어나 자유로워질 수 있습니다.

나는 타자를
이해할 수
있는가

'존재한다'는 말의 의미

여기에서는 타자를 생각하기에 앞서 존재한다는 말의 의미부터 생각해 보겠습니다.

레비나스는 '아무것도 없다'라고 말할 때, '아무것도 없다'는 상태가 존재해야 한다고 생각합니다. 참 까다로운 개념입니다. 하지만 '있다-없다'는 것은 이를 판정하는 사람이 존재함으로써 처음으로 이야기될 수 있는 정보임을 생각해 보면 이해가 될 것입니다. 즉 '있다-없다'고 말할 때에는 반드시 그중 어느 것인지를 판정하는 행위가 필요하다는 뜻입니다.

일반적으로 정보는 순수하게 단독으로 존재할 수 없으며 그것을 받아들이고 해석하는 사람이 있어야 처음으로 성립하는 개념이라고 봅니다. 하지만 레비나스는 이를 뛰어넘는 공공연한 '있음'과 '없음'을 생각하려고 했습니다. 판정하는 사람이 없는 상태에서 '있다-없다'는 것의 존재 가능성을 생각하려는 것입니다. 그리고 그는 이렇게 사고해서 놀랄 만한 지점에 도달했습니다. 레비나스는 판정하는 사람이 없으면 정보가 성립하지 않는다는 생각 자체를 부정했습니다. 바꿔 말하자면, 정보는 정보로서 단독으로 존재할 수 있다고 본 것입니다. 더 나아가 '있다'는 '있다'는 상태만으로도 판정하는 사람이 필요하지 않고, '없다'는 '없다'는 상태만으로도 완결되어 존재한다고 생각했습니다. 이런 상태의 '있다'를 레비나스는 실존하는 것이라고 부릅니다. 이는 실체가 없는 단순한, (여기서 든 예로는 정보로서) 존재입니다. 즉 레비나스는 동사(실존하다)로만 표현되는 무언가를 생각했습니다. 이 실존하는 뭔가는 사물도 존재자도 아닙니다. 이해하기 어려워 보이지만, 정보와 물질이라는 두 상태를 생각해 보면 구체적으로 떠올릴 수 있습니다. 즉 '존재한다'는 정보 상태고, '존재자'는 물질 상태입니다.

　정보를 어떻게 취급하느냐에 관해서는 아직 확고한 견해가 없지만 이런 레비나스의 사고방식은 비과학적·종교적·초자연적으로 보일 가능성이 있습니다. 하지만 레비나스는 이를 설명하면서 정령이나 신처럼 인간이 도저히 파악할 수 없는 개념을 가져오지 않았습니다. 이런 개념들을 가져오면 언뜻 설명되는 듯이 보일 겁니다. 하지만 그럴 경우 정령이나 신이라는 단어에 포함된 다양한 해석의 폭에 의존하면서 본래 설명하려던 것과는 멀어지는 결과만 가져옵니다.

'존재하다'에서 '존재자'로

'존재하다'처럼 동사로만 표현되는, 즉 실체를 갖지 않은 무엇은 어떤 원인이나 이유로 실체를 갖는 것처럼 보이게 됩니다. 이때의 변화를 레비나스는 실사화(實詞化) 또는 위상변환(位相變換)이라고 부릅니다. 이 개념은 이해하기가 어렵기 때문에 이 책에서는 이를 상전이(相轉移)에 비유하겠습니다. 예를 들어, H_2O라는 물질에는 기체 상태·액체 상태·고체 상태 등 세 가지 '상(相)'이 있습니다. 이들은 같은 물질이지만 각 상의 성질은 꽤 다릅니다. 이런 '기체의 액체화'나 '액체의 고체화' 같은 '상' 사이의 이동을 '상전이'라고 부릅니다.

'정보에 상이 존재한다'는 견해는 제가 아는 한 지금껏 이야기된 적이 없습니다. 레비나스가 말하는 '위상변환' 개념에는 이런 의미가 포함되어 있습니다. 그리고 '물질'을 '정보가 상전이한 것'이라고 생각하면 레비나스의 개념은 현대 과학의 문맥에서도 진실성을 띠게 됩니다. 이런 생각 자체가 초자연적이라는 지적은 달게 받아들이겠지만, 여기에서는 레비나스를 해석한다는 면에서 사고를 확장해 보겠습니다. 잠깐 다른 이야기를 하자면, 저는 '해석'이란 어떤 인간이 자기 세계의 언어로 새롭게 이해하는 것에 지나지 않는다고 생각합니다. 따라서 저에게 해석이란 저의 세계(과학 용어)에 따라 이해하는 것이라고 봐 주기를 바랍니다. 제 말이 옳다고 주장하려는 것이 아니라 레비나스의 사상을 현대 과학의 문맥에서 이해하려고 할 때 이런 이해 방식을 취하겠다는 뜻입니다.

실제로 저는 여기서 제가 설명하는 '정보의 상전이'에 의문을 품으면서 이것이 타당할 가능성이 있다고 생각하면서도 이를 '채용할' 것인지는 확신할 수 없습니다. 오히려 제 이성은 그런 게 있을리 없다며 소리치고 있습니다. 하지만 딱 잘라 부정할 수도 없다고 제 직관이 소곤거립니다.

스스로 이름을 대는 존재: 레비나스의 타자

이야기를 되돌리겠습니다.

'나'는 다양한 것들을 만들어 냅니다. 이런 기능을 인식이라고 부르고, 인식은 언어를 써서 이루어집니다. 태어난 지 얼마 안 된 젖먹이는 차츰 자신의 손을 자기 의지로 움직일 수 있고 자기 발로 이동할 수 있다는 사실을 알게 됩니다. 그리고 그러는 가운데 누군

가의 목소리를 듣습니다. 목소리는 소리이지만 일반적인 소리와는
다른 양상을 띠고 있습니다. 목소리를 통해 자신의 모습과 아주 유
사한 다른 개체가 존재한다는 것을 알게 되고, 그것이 다른 사물과

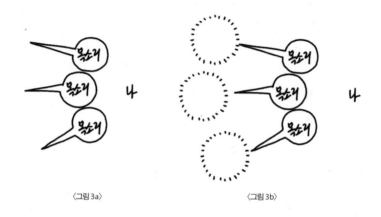

〈그림 3a〉 〈그림 3b〉

다른 존재라는 사실을 깨닫습니다.

　이것의 이미지가 〈그림 3〉과 같습니다. '나'는 '나'에게 닿는 목소
리조차 분화할 수 없으며 목소리가 존재한다는 사실밖에 모릅니다
(〈그림 3a〉). 실은 이 상태에서 《나》는 발생하지 않고 그저 목소리만
존재합니다. 물론 목소리의 존재는 우리 신체로 지각됩니다. (〈그
림 3a〉, 〈그림 3b〉의 '나'라는 글자는 편의상 쓴 것으로 이 단계에
서는 '나'조차 발생하지 않습니다.)

　그리고 '나'가 목소리의 주인을 인식하려고 하는 순간 그것이 인
식의 그물망에서 벗어납니다(〈그림 3b〉). 우리가 목소리의 주인을

인식하려고 해도 그것이 존재한다는 것 이상을 파악할 수는 없습니다. 인식이라는 행위는 자아가 감각을 통해 얻은 성질을 바탕으로 개념을 구축하는 것이지만, 감각을 통해 얻은 성질로 구축된 것은 모두 내가 인식한 상(像)입니다. 이 '내가 인식한 상'을 '대상'이라고 부릅니다.

오스트리아 출신 철학자 부버(Martin Buber, 1878~1965)는 『나와 너(Ich und Du)』에서 '나-그것'이라는 관계와 '나-당신'이라는 관계가 있다고 지적합니다.

> '나'는 그 자체로는 존재하지 않는다. 근원어 '나-너'의 '나'와 근원어 '나-그것'의 '나'가 있을 뿐이다.
>
> 인간이 '나'를 말할 때는 이 둘 중 한 가지 '나'를 생각한다. 인간이 '나'를 말할 때 인간이 생각하는 '나'가 거기에 존재한다. 또한 인간이 '너' 또는 '그것'을 말할 때 근원어 가운데 하나인 '나'가 거기에 존재한다.[13]

여기에서 '나-너'란 레비나스가 말하는 '나'와 '타자'의 관계와 같습니다. 또한 타인이란 '나-그것'의 관계에서 인식된 것입니다. 타인과 달리 타자는 대상이 아닙니다. 타자는 '스스로 이름을 댄다'는 사실에 주의해야 합니다. 그리고 그것은 내가 붙인 이름이 아닙니다. 세계에서 그렇게 불리기 때문이라는 이유에 근거한 이름도 아닙니다. 타자는 자신의 이름을 스스로 말합니다. 또 얼굴이 있습니다. 얼굴을 보인다는 것은 이름을 대는 행위와 같습니다.

'나'는 이 타자를 인식할 수 없습니다. 타자를 인식했다고 생각해도 대상으로서 타인을 인식한 것에 지나지 않습니다. 스스로 이름을 대는 존재로서 '타자'는 인식에서 벗어나 버리는 존재입니다. 이때 〈그림 3b〉처럼 목소리의 주인을 파악하려고 해도 파악할 수 없기 때문에 거기에 넘을 수 없는 경계가 존재한다는 사실을 깨닫습니다(〈그림 3c〉).

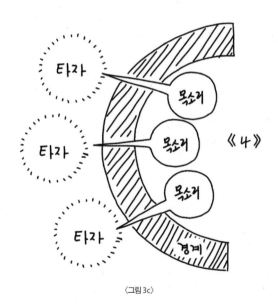

〈그림 3c〉

부버는 다음과 같이 설명합니다.

인간은 '너'를 접해 '나'가 된다. 마주한 상대는 나타나고 사라진다. 관계라는 사건이 모였다가 흩어진다. 이런 변화 속에 몇 번이고 성장하면서 늘 동일한 상대인 '나'라는 의식이 차차 명확해진다. 물론 '나'라는 의식은 늘 '너'에 대한 관계의 그물망 안에서 '너'를 파악하려고 하고, '너'는 될 수 없고 인식은 할 수 있는 존재자로서 나타난다. 그러나 '나'가 점점 더 강하게 나타나면 결국 결합의 끈을 끊고 '나' 자체를 분리해 일순 '너'와 같은 것처럼 자기의 '나'와 마주하며 이윽고 '나'를 자기의 소유자로서 파악하면서 그 이후 의식적으로 자기 자신과 관계 맺기에 들어가게 된다.[14]

경계가 발생하면서 그때까지 분화되지 않던 '나'는 명확한 형태를 갖게 됩니다. 이것이 《나》의 발생입니다. 《나》는 목소리에 촉발되어 발생하는 '나'의 핵심입니다.

고독한 존재자

레비나스는 '상전이'가 발생함으로써 (순수한 정보체로서 존재인) 실존하는 것이 '실존자'가 된다고 이야기합니다. 예를 들어, 정보가 액체라면 그것이 고체가 된다는 식으로 비유할 수 있습니다. '존재한다'가 '존재자'라는 형태를 취해 무엇이 발생할까요? 레비나스는 먼저 고독이 발생한다고 이야기합니다.

어떤 물질이 '한 가지 상(相)', 즉 기체나 액체로만 존재할 때는 경계가 발생하지 않습니다. 그럼에도 기체나 액체가 고체가 된 순간, 경계가 명확해지는 경우가 있습니다. 액체 1리터가 전부 고체가 되면 경계가 발생하지 않지만, 액체와 고체라는 두 가지 상이 혼재되면 경계가 발생합니다.

그러나 나는 이 경계의 존재를 직접적으로 지각하지는 못합니다. 앞에서 언급했듯이 나는 타자의 목소리라는 존재를 통해 경계의 존재를 알아차릴 뿐입니다. 여기에서 내 존재의 핵심인 《나》는 《나》가 〈그림 4〉와 같은 구도 안에 존재한다는 것을 깨닫습니다.

물론 《나》는 《나》의 내부 시점에서 보이는 그림밖에 볼 수 없기 때문에 〈그림 4〉는 어디까지나 《나》의 추측에 불과합니다. 그럼에도 《나》에게는 그렇게밖에 생각되지 않습니다. 즉 자신의 외부가 존재하고 거기에는 타자가 존재하지만, 이것은 타자에 대한 이해 불가능성을 통해 추측한 것에 지나지 않습니다.

이때 《나》는 입구도, 출구도, 창도 없는 폐쇄된 방에 있다는 것을 깨닫습니다. 이것이 레비나스가 말하는 고독입니다. 그 방 안에서 《나》는 여러 개념을 만들어 낼 수 있습니다. 아무런 부자유함 없이

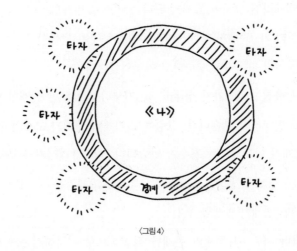

〈그림 4〉

도 살 수 있습니다. 친구·연인·부모·자식도 거기에 존재하는 것처럼 보이지만, 이들은 단지 영상(映像)일 뿐입니다. 그들은 모두 타자이며 벽 너머에 있으리라고 짐작되지만 직접 접촉할 수는 없습니다.

한편 경계가 발생함으로써 고독과 자유가 발생합니다. '존재한다'를 액체로만 있는 상태라고 한다면, 거기에 자유는 존재하지 않습니다. 왜냐하면 그것은 '전부 합쳐 하나'인 존재이며 움직임을 취할 수 없기 때문입니다. 아주 단순하게 표현하면 〈그림 5a〉와 같은 상태입니다.

그렇다면 어떤 경우에 자유가 존재할까요? 경계로 다른 것과 구분되어 〈그림 5b〉와 같은 상태가 되었을 때입니다. 그리고 이는 고

〈그림 5a〉

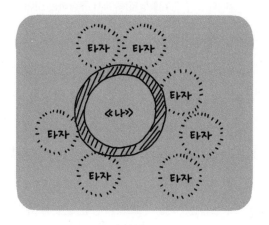

〈그림 5b〉

독의 다른 이름이기도 합니다. 이때 《나》는 있을 자리를 정하고 이동할 수 있습니다. 즉 자유란 '개별일 것'을 전제로 삼습니다.

이것은 존재라는 바다에서 결정화(고체화·실사화)된 존재자인

《나》가 고독하게 떠오르는 듯한 이미지로 생각할 수 있습니다.

자아의 범위

《나》는 경계를 유지해야 합니다. 《나》는 '올바른 있을 자리'를 찾아 이 세계에서 이동하지만, 경계는 적극적으로 유지할 필요가 있다는 뜻입니다.

그리고 이를 유지하는 것이 3장에서 말한 비트겐슈타인의 초월 확실성 언명입니다. 즉 경계를 바깥쪽에서 규정하는 것이 타자이고, 안쪽에서 규정하는 것이 초월 확실성 언명입니다. 경계는 '나는 ~이다'라는 언명을 아무런 근거 없이 주장함으로써 유지됩니다(〈그림 6a〉).

그렇지만 실제로는 타자를 이해할 수 없기 때문에 그 존재가 목소리로 추측될 뿐입니다(〈그림 6b〉). 이때 목소리와 초월 확실성 언명은 겹쳐져 동화하거나 모순을 드러내고 서로 대항하면서 《나》의 경계 안쪽에 존재합니다. 물론 《나》가 꺼내는 말은 초월 확실성 언명만이 아니고, 《나》는 이를 기초로 다양한 선언과 언명을 합니다. 이것들의 활동으로 경계가 희미해지기도 하고 뚜렷해지기도 하며 형태를 바꿉니다. 이 경계의 범위가 자아의 범위이며, 이를 안쪽에서 지탱하는 행동(언어 행위)으로 유지됩니다. 또 《나》는 그 주위에 나의 영역을 확보해 갑니다. 〈그림 6b〉를 입체적으로 표현한 것

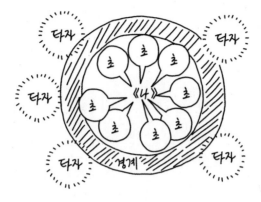

〈그림 6a〉

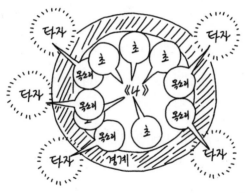

〈그림 6b〉

이 〈그림 6c〉입니다.

〈그림 6c〉는 이 책 전체에서 쓰이는 다양한 개념을 포괄적으로 나타내기 때문에 아주 중요합니다. 이 그림에서 〈나〉, 《나》, 〈신체〉

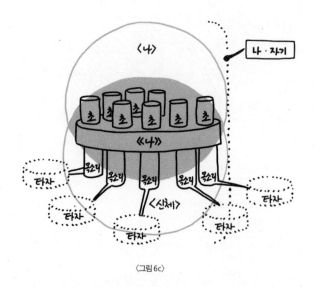

〈그림 6c〉

의 전 영역을 포함하는 개념이 '나', '자기'입니다. 그 가운데《나》
는 〈신체〉와 〈나〉가 겹쳐지는 영역을 나타냅니다. 이 부분이 내 존
재의 핵심입니다.

《나》의 위쪽에 펼쳐진 반구가 〈나〉의 영역입니다. 이 영역은 초
월 확실성 언명을 기초로 해 차츰 넓어집니다. 이 영역은 정보로서
'나'를 나타냅니다. 게다가《나》의 아래쪽에는 〈신체〉의 영역이 펼
쳐져 있습니다. 〈그림 6c〉는 목소리의 도래를 받아들이는 장소로
서 〈신체〉를 나타냅니다. 이때 〈신체〉는 기관(器官)이라고도 불립
니다. 〈신체〉란 물질로서 '나'의 측면을 나타내며, 인식된 것으로서
신체라는 의미가 있습니다.

타자의 이해 불가능성

우리가 언어를 통해 타인을 인식하지만, 이때 인식은 타인을 제어한다는 목적을 바탕으로 이루어집니다. 예를 들어 어떤 사람이 여성인가 남성인가, 나이는 어떻게 되는가, 정장을 입었나 자유로운 옷차림인가 등을 살피는 것도 제어(또는 예측이라는 그 전 단계)를 위해 이루어지는, 언어를 통한 대상화입니다. 따라서 '저 사람의 팔 길이는 어느 정도인가', '발 크기는 얼마인가' 등은 대부분의 인간에게 의미가 없습니다. 왜냐하면 이런 것들은 예측과 제어에 도움이 되지 않기 때문입니다.

그렇지만 발 크기와 나이를 비교해 나이가 더 중요한 속성이라는 생각에는 근거가 있다고 할 수 있습니다. 나이를 중시하는 것은 만약 나보다 나이가 많으면 원칙적으로 높임말을 써야 한다고 생각하기 때문입니다. 그리고 연장자에게 높임말을 써야 한다고 생각하는 건 연장자에게 실례를 저지르면 결과적으로 내가 곤란한 상황에 처할 수 있다고 생각해서입니다. 만약 이 세계에서 발이 큰 사람이 훌륭하다는 가치관이 주류를 이룬다면 인간이 발 크기에 더 신경을 쓰겠지만, 당연하게도 그런 문화적 가치관은 주류가 아닙니다. 어떤 문화권에서는 그럴 수도 있겠지만요.

이렇게 인식된 타인은 대상화된 **타자**의 상입니다. 우리는 언어라는 도구로 어떤 사람의 상을 자기 내부에 그리게 됩니다. 그려진 시점에 그것은 《나》가 만든 상이 되며 '다른 존재'인 타자가 아니게 됩니다. 이는 어떤 인간을 제어한다는 목적으로 인식한 상이기 때문입니다. 그리고 타인이란 대상화된 상이므로 '다른 존재'라고 할 수 없고 '나'에게 속해 있습니다. 타자와 타인은 다르고, 우리가 타자를 직접적으로 인식할 수는 없습니다. 이것을 타자의 이해 불가능성이라고 부릅니다.

죽음의 이해 불가능성

사람은 언젠가 반드시 죽는 존재입니다. 이는 움직일 수 없는 사실입니다. 우리는 일회성 인생을 살기 때문에 때로는 죽지 않을 것 같다는 오해에 빠지기도 합니다. 이 오해는 감정적인 차원에서 발생하는 듯 보이지만, 이성적 · 논리적 차원에서 확실한 죽음을 누구나 이해하는 것 또한 신기한 현상입니다. 우리가 사는 일회성 인생은 한 번밖에 발생할 수 없다는 의미에서 기적의 연속이지만 마지막에는 반드시 되풀이되는 현상이 존재하며 그것이 죽음입니다.

일회성 인생을 산다는 것과 반드시 되풀이되는 죽음 사이에는 정합성이 없습니다. 따라서 사람은 죽음이 반드시 도래한다는 것을 일단 보류하고 살아갈 수밖에 없는 존재입니다. 여기서 '보류'

는 우리가 죽음을 이해할 수 없기 때문에 하는 회피적 조치입니다.

죽음과 관련해 떠오르는 일화가 있습니다. 20여 년 전, 대학 동기 H가 들려준 이야기입니다. 어느 날 H가 어린아이들과 '몸짓으로 개념 말하기'라는 놀이를 했습니다. 꽤나 쓸데없는 주제를 내준 것 같습니다만 '죽음'을 표현해 보라고 했더니, 한 아이는 기도하는 모습을 보여 주고 다른 아이는 우는 모습을 보여 주었습니다. 그 가운데 한 아이는 무척 특이한 흉내를 내 H를 깜짝 놀라게 했다고 합니다. 그 아이는 자리에 앉더니 거기에 마치 누워 있는 듯한 뭔가를 쓰다듬는 흉내를 냈습니다.

저는 이 이야기가 잊히지 않아 줄곧 기억에 담고 있었는데, 십수년 뒤 프랑스의 철학자 낭시(Jean-Luc Nancy, 1940~)의 『코르푸스(Corpus)』 가운데 한 구절을 읽고 왜 제가 그 이야기를 잊을 수 없었는지 깨달은 듯했습니다.

('자기를'이 아니라) 스스로를 너로 만지는 것, 또는 같은 말이지만 ('자기를'이 아니라) 스스로를 피부로 접촉하는 것, 이것이야말로 몸이 언제나 더 멀리, 언제나 너무 멀리로 끌고 가는 사고다.[15]

이 구절은 아래에 이어지는 레비나스의 이야기와 거의 같은 것을 말합니다.

애무란 주체의 존재 의식(儀式)이다. 애무를 통해 주체는 타자와 하는 접촉에서 접촉 저 너머까지로 넘어간다. 감각으로 할 수밖에 없는 접촉이란 빛의 세계에 속해 있다. 하지만 애무받는 것은 엄밀히 말해 만져지는 것이 아니다. 애무에 필요한 것은 만져짐으로써 부여되는 이 손의 매끄러움이나 온기가 아니다. 애무에 대한 이런 탐구야말로 애무가 그 스스로에게 필요한 것을 모른다는 사실을 통해, 애무의 본질을 만들어 내는 것이다.[16]

우리는 타자의 신체를 촉각으로 지각하려고 만집니다. 그렇게 해서 한순간은 타자를 지각했다고 생각합니다. 하지만 그것이 오해라는 사실을 바로 깨닫습니다. 그래도 우리는 끊임없이 어루만집니다. 하지만 그때 우리는 애무나 어루만짐의 감촉을 즐기는 것이 아닙니다. 만짐, 쓰다듬기, 애무를 통해 지각할 수 없을 듯한 무언가를 찾으며, 그래도 그것을 얻을 수 없기 때문에 계속 반복하는 것입니다.

어린아이의 머리나 강아지나 고양이, 연인을 쓰다듬을 때를 떠올려 보십시오. 그때 우리는 신체를 어루만짐으로써 신체의 저편에 있는 무언가에 도달하려고 합니다. 그 무언가가 타자입니다. 그리고 아무리 이를 되풀이해도 우리는 타자를 이해할 수 없습니다. 죽음이라는 개념을 쓰다듬는 동작으로 표현한 아이는 아마 그 전에 집에서 기르던 동물이 죽었을 때의 일을 떠올리고 그 흉내를 냈을 것입니다. 그렇다면 이는 과연 무엇을 찾으려는 행동이었을까요?

우리는 신체를 가지고 이 세계에 던져진 존재입니다. 하지만 그 '저편'에 있는 무언가를 느낄 수도, 알 수도 없습니다. 사랑하는 사람에게 죽음이 찾아와도 그 신체가 물질로서는 아직 그대로 거기에 존재합니다. 하지만 우리는 죽음이라는 현상과 조우했을 때 그 무언가(타자)가 부재한다는 사실을 지각할 수 없습니다. 우리는 사랑하는 사람의 신체를 쓰다듬어 그가 거기에 존재한다는 것을 계속 확인하지만 무언가의 부재를 서서히 받아들일 수밖에 없는 존재입니다.

우리는 죽음을 이해할 수 없습니다. 우리가 이해할 수 있는 것은 거기에 분명 존재해야 할 무언가의 부재라는, 극히 불확실하며 지각하기 어려운 사실뿐입니다. 그리고 우리가 죽음을 이해할 수 없는 것은 타자의 삶을 이해할 수 없는 것과 마찬가지입니다. 그럼에도 우리는 그것에 도달하려고 노력합니다. 그 노력이 어루만지는 행위입니다. 이것은 매우 서글픈 행위입니다. 왜냐하면 어루만지는 행위는 결코 도달할 수 없는 것에 도달하려고 하며, 결코 이해할 수 없는 것을 이해하려고 하는 행위이기 때문입니다.

더불어
살아간다는 것

왜 인간은 얼굴을 노출하고 있는가

인간은 보통 얼굴과 손 이외의 부분을 옷으로 가립니다. 겨울에는 장갑을 껴서 얼굴만 노출한 상태가 됩니다. 그런데 아무리 추워도 얼굴을 내놓지 않으면 이상한 사람으로 보입니다. 만약 다른 태양계에서 온 우주인이 지구인을 본다면 신체의 일부만 노출하는 기묘한 풍습을 가장 이상하게 여기겠지요. 왜 우리는 얼굴을 노출할까요? 무엇을 찾으려고 그럴까요?

우리는 얼굴을 노출해서 '부름'을 받습니다. 타자가 내 존재의 핵심인 《나》를 부르는 것이 음성만으로 부르는 것을 의미하지는 않습니다. 예를 들어 제 얼굴은 '나는 다카다다'라는 사실을 호소하기 위해 노출된 것이 아닙니다. 제 주변에 저를 모르는 사람만 있다고 쳐도 저는 얼굴을 노출해서 타자에게 부름을 받으며 생활합니다. 부름을 받았을 때에 대해 생각해 보겠습니다.

'부름'은 일방적이지 않습니다. 즉 타자가 《나》를 부른다는 것은 《나》가 타자를 부른 것의 귀결입니다. 그리고 이 부름은 많은 경우 얼굴을 통해 이루어집니다. 그러나 그때 어느 쪽이 먼저 불렀는가를 생각하면 기묘한 사실을 깨닫게 됩니다.

예를 들어 A와 B가 만났을 때 A는 B의 얼굴을 보고 '아까 나를 불렀다'고 느끼는데, 그와 동시에 B도 A의 얼굴을 보고 있으니까 '아까 나를 불렀다'고 느낄 것입니다. 그럼 이번에는 A가 B가 B임을 깨닫지 못한 상태라고 해 봅시다. 이때 A는 B의 얼굴을 보며 'B가 A가 A임을 깨달은 순간'에 '나를 불렀다'고 느낄 것입니다. 그러나 그뒤 A가 B에게 말을 건다면 B는 (목소리를 통해) 'A가 아까 불렀다'고 느끼겠지요. 여기서 말하는 '부름'은 늘 동시에 발생하며 A와 B가 같이 '아까 나를 불렀다'고 느끼는 기묘한 성질이 있습니다. 이런 현상은 우리가 얼굴을 노출하며 얼굴을 통해 부르면서 발생합니다.

사람은 더불어 존재하는 것을 전제로 살고 있습니다. 더불어 살아간다는 것, 그리고 **부르고 불리는 것을 전제로 사람이 얼굴을 노출하고 있는 것입니다.**

부르고 불리는 관계의 상호작용: 고프먼의 공존

앞서 말한 것처럼 만남, 관계를 인식하는 데 전제가 되는 어떤 상태가 있습니다. 우리는 '부르고' '불림'으로써 그 어떤 상태에 들어갑니다.

미국의 사회학자 고프먼은 공존(共存)이라는 개념을 바탕으로 그 상태가 어떤 것인지 설명합니다.

사람은 사람과 어떤 관계를 맺습니다. 그 관계는 각 인간이 어떤 자리에서 하는 배역 연기를 기초로 구축됩니다. 배역에 관해서는 2장에서 이야기했습니다. 그러나 배역은 고정적인 것이 아니며 자리의 분위기에 따라 미묘하게 변합니다. 사람은 거기에서 자신이 있을 자리를 찾으려고 합니다.

예를 들어, 여럿이 모여 전골 요리를 할 때를 생각해 봅시다. 그런 자리에서는 종종 재료 넣는 순서나 불 조절에 대해 참견하고 나서는 사람, 이른바 요리사가 나옵니다. 이 요리사가 배역입니다. 또 분위기를 띄우는 사람이나 이야기를 들어 주는 사람이 나오기도 합니다. 그런데 이런 배역은 늘 고정된 것이 아니고 자리에 모인 사람들의 관계에 따라 발생합니다. 그리고 그런 배역은 전골 요리를 시작하는 순간에 발생하지 않고, 일단 처음에 느슨한 관계가 발생한 뒤 그 자리의 분위기에 따라 차츰 고정됩니다. 이런 상황을 고프먼은 **상호작용** 질서라고 불렀습니다.

상호작용 질서는 여러 사람이 모이는 자리라면 반드시 발생합니다. 예를 들어, 두 사람이 대화하면서 상대방의 관심사를 알아 가는 상황을 생각해 봅시다. 이때 두 사람은 상대방의 의견이나 기호를 계속 탐색하면서 대화를 한 가지 화제에 집중시키려고 노력합니다. 이를 도식화하면 〈그림 7〉처럼 되겠지요. A와 B는 우선 만

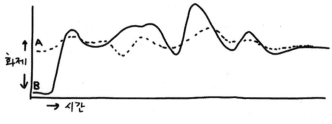

〈그림7〉

납니다. 그런데 처음에는 서로 의견이 잘 맞지 않습니다. 때로 교차하는 부분이 있지만 서로 이야기를 잘 나누게 되기까지 양쪽 다 상대방을 탐색하며 움직입니다. 그리고 차츰 A와 B의 화제가 수렴되면서 한 가지 화제로 이야기꽃을 피웁니다. 그리고 최종적으로는 의견이 잘 맞게 됩니다. 이는 상호작용 질서에 따라 조정된 결과라고 할 수 있습니다.

그런데 두 사람의 대화가 이렇게 잘 되지만은 않습니다. 오히려 의견이 잘 맞지 않은 채로 대화가 끝날 때가 더 많을 것입니다. 이

야기가 잘 된다면 많든 적든 서로 양보하기 때문이라는 사실이 여기서는 중요합니다.

상호작용 질서에 따른 조정이 대화의 장에서만 일어나지는 않습니다. 사람과 사람이 만나는 공존의 장에서는 어떤 경우든 동일한 상황이 발생합니다. 물론 〈그림 7〉은 조정이 잘 되었을 때의 예입니다. 더욱이 상호작용 질서는 익명의 사람들이 걸어 다니는 거리에서도 발생합니다. 거리를 걸을 때 우리는 스쳐 지나가는 사람들을 무시합니다. 그것이 거리의 질서이기 때문입니다.

하지만 학교에서나 회사와 같은 장에서는 다릅니다. 모르는 사람이라도 누구인가를 확인하려고 하며 모르는 사람과 목례를 주고받기도 합니다. 게다가 상대방에게 인사를 받았다면 왜 인사하는지는 몰라도 같이 인사합니다. 고프먼은 이런 공존의 장에서 상호작용 질서가 발생하는 구조와 효과에 대해 검토를 거듭했습니다.

상호작용 질서라는 속박

공존의 장에서 때로 우리는 있을 자리를 찾기 위해 애씁니다. 왜냐하면 자신이 있을 자리는 자신의 의지로만 결정되지 않고 상호작용 질서 안에서 발생하기 때문입니다. 그 자리는 미리 주어지지 않으며 우리가 상황에 따라 구축합니다. 이를 연기에 비유하자면 우리는 어느 순간 공존의 장이라는 무대에 던져져 각본도 읽지 못한 채로 잘해야 한다는 말을 듣는 서투른 연기자입니다. 우리가 던져진 무대는 인생이라는 커다란 무대부터 나날의 생활이라는 작은 무대까지 다양한데 상황은 모두 같습니다.

우리는 서투른 연기자인 데다 상호작용 질서를 구축하는 데 실패합니다. 이때 우리는 공존의 장에서 나가떨어지지만 그 무대에서 내려오는 것은 허락되지 않습니다. 그리고 우리에게는 나가떨어진 사람, 이상한 사람, 분위기를 파악하지 못하는 사람이라는 배역이 주어지며 마지못해 이를 연기합니다. 적어도 저는 매일 이렇게 살고 있습니다. 물론 이것도 분명히 주어진 배역이지만, 자신이 원한 자리와는 다른 경우도 있을 겁니다. 우리는 자신의 배역을 자유롭게 결정하고 싶다고 생각하지만, 이때 그 자유는 달성되지 않습니다. 상호작용 질서 안에서 자신의 배역을 발견하고 만들어 나가야 하는데 잘되지 않는 경우가 있습니다. 이 때문에 괴로움을 느낍니다. 그리고 이때 상호작용 질서에 따른 속박이 생깁니다.

상호작용 질서 안에서 적당히 할당된 배역을 아무 불평 없이 받아들이고 연기하는 것을 공모(共謀)라고 부르기도 합니다. 우리는 서투른 연기자이기 때문에 곁에서만 보고서 '공모'와 '훌륭한 연기'의 차이를 분간할 수 없습니다. 하지만 인간은 아주 민감한 존재라서, 내가 올바른 자리에 있지 않다고 느끼는 사람을 식별하려고 할 때는 믿을 수 없을 만큼 예리한 후각을 발휘합니다. 그리고 이런 상황이 생기는 것은 우리가 올바른 자리에 있지 않기 때문입니다. 우리는 올바르다고 생각하지 않는 자리에서 살아갈 수 없습니다. 아무리 가장해 봤자 신기하게도 반드시 들통납니다. 또 그런 자리에서 마지못해 살아가는 것 자체가 매우 괴롭습니다. 따라서 상호작용 질서라는 속박에서 벗어나려면 그것에 따르는 쪽이 아니라 그것을 만드는 쪽이 되어, '있을 자리'를 만들어 내야 할 것입니다. 거듭 말하지만 자유로워진다는 것은 소유한다는 것입니다.

개별적 올바름의 추구: 아감벤의 공동성

레비나스에 따르면 타자는 늘 도래할 존재이며 아직 도래하지 않은 존재입니다. 우리는 타자를 직접적으로 파악(인식, 이해)할 수 없습니다. 타자는 도래할 것이지만 그 도래를 지각할 수는 없습니다. 이렇게 이해할 수 없는 타자가 확실히 존재하는 상태는 아주 신기한 것입니다. 이해할 수 없어도 그 존재만큼은 확실합니다. 그리고 타자의 존재에 대한 확신은 부름을 계기로 발생합니다. '나'는 타자의 부름만은 인식할 수 있습니다. 게다가 이해할 수 없는 타자가 존재한다는 사실을 알 수 있습니다.

아감벤은 각각의 타자가 각각의 처지에서 어떤 사고와 행위를

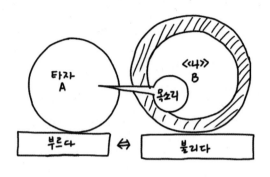

〈그림 8a〉

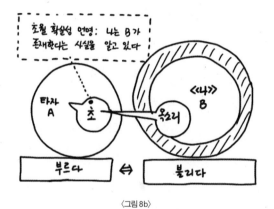

〈그림 8b〉

계속해 세계를 떠맡고 있다는 구도를 설정했습니다. 이것이 〈그림 8a〉입니다.

대상화된 '나'인 〈나〉는 내 존재의 핵심인 《나》를 떠맡을 수 없습니다. 《나》의 존재를 떠맡을 수 있는 것은 타자뿐입니다. 그리고 타자의 목소리에 따라《나》와 타자 사이에는 〈그림 8a〉와 같은 관계가 발생합니다. 이때 타자 A의 존재가 나에게 확실한 것이 됩니다.

그리고 타자 A가《나》B를 부른다는 것은 A가 'B는 존재한다'는 초월 확실성 언명을 행한다는 것과 같습니다. 왜냐하면 사람은 존재하지 않는 것은 부를 수 없기 때문입니다. 적어도 타자 A를 인식할 수 있는 세계에서는 그럴 것입니다. 부른다는 것은 불리는 것으로 귀결될 수밖에 없다는 사실을 떠올려 주십시오. 사람은 늘 '앞서 누군가가 불렀다'고 느끼는 존재입니다. 따라서 〈그림 8a〉에서 타자 A는 앞서《나》B에게 불렸기 때문에 부른 것이 됩니다.

〈그림 9a〉가 최초의 부름 전에 나와 타자의 상태입니다. 이 단계에서는《나》도 〈나〉도 발생하지 않습니다. 여기에서는 어느 쪽도 존재의 기반을 갖고 있지 않습니다.

그리고 부름이 이루어짐으로써 타자의 존재가 확실해집니다(〈그림 9b〉). 이와 동시에 타자의 내부에서 발생한 초월 확실성 언명에 따라《나》의 존재 기반이 주어집니다(〈그림 9c〉). 더욱이《나》도 누군가에게 타자로서 그 타자의 존재를 떠맡을 수 있습니다. 이때 타자와《나》는 서로 존재를 함께 떠맡는 존재자들입니다. 즉 우리는 부름과 응답과 응수에 따라 존재를 함께 떠맡으며 세계를 공동으로 구축해 가는 존재자의 집합입니다.

떠맡는 방식은 다양할 수 있습니다. 사랑의 대상으로서, 내 편으

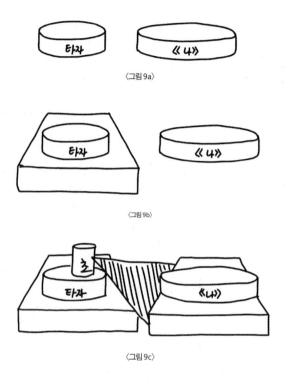

〈그림 9a〉

〈그림 9b〉

〈그림 9c〉

로서 떠맡는 경우가 있는 반면에 증오의 대상으로서, 적으로서 떠맡는 경우도 있습니다. 어떤 경우든 타자의 부름에 대한 응답은 개별적인 올바름에 비추어 이루어질 수밖에 없습니다. 이때 개별적인 올바름이란 그때까지 '나'가 추구한 윤리적인 올바름입니다. 그리고 이 세계가 나아가는 방향은 이 개별적인 올바름의 합계에 따라 결정됩니다. 즉 각각의 '나'가 각각의 장소에서 개별적인 올바름을 추구한다면 이 세계는 최선의 방향으로 변해 갈 것입니다. 반면에, 각각의 '나'가 개별적인 올바름을 추구하지 않을 때 이 세계는 타락해 갑니다. 개별적인 올바름의 추구란 진정한 올바름과는 전혀 다른 개념입니다. 개별적인 올바름이란 결코 진정한 올바름은 될 수 없으며 종종 '국소적인, 나의 사정에 따라 판단되는 올바름'입니다. 그러나 이조차 부름과 응답에 따라 조정될 가능성이 있습니다. 그런데 만약 여기에 게으름이 있다면 제대로 된 응답이 될 수 없습니다.

아감벤은 임의의 **공동성**이라는 개념의 중요성을 지적합니다. 이 임의란 아주 엄격한 개념으로서 포괄적·종합적이 아니라는 뜻이며, '개별적인' '지금 내가 존재하는 장소에서'라는 의미입니다. 여기서 저는 진리, 진정함, 우리가 그렇게 되어야만 하는 존재라는 개념에 의문을 제시하면서도 연결됨의 중요성을 지적하려고 합니다. 이는 앞서 이야기한 르장드르의 언어에 따라 분할된 인간이 언어라는 유대에 따라 서로 연결된다는 개념과 같습니다. 여기에는 각 개인이 각각의 장소에서 언어에 따라 개별적인 올바름을 추구하는 것이 전제이며, 그런 개인이 부르고 불리며 존재를 떠맡음으로써 공동성이 실현됩니다.

더불어 살아가다: 낭시의 코르푸스

낭시의 **코르푸스**, 공동-체라는 개념은 아감벤의 공동성을 한 걸음 더 진전시킨 것으로 볼 수 있습니다. 이 개념은 '나'는 하나가 되기 위해 더불어 살아간다는 형태를 취함을 나타냅니다.

코르푸스란 우리 '분단된 개체', '실사화된 존재자'가 레비나스의 개념인 '존재한다'는 상태를 회복하려고 하는 과정에서 발생하는 양상으로 생각할 수 있습니다. 앞에서 레비나스가 말한 실사화·위상변환 전의 '존재한다'는 상태를 살펴봤습니다. 이것이 〈그림 5a〉와 거의 같은 〈그림 10a〉입니다. 본래 '나'는 이 세계에 보편적으로 한결같이 존재하는 것이었다고 생각했습니다. 이 단계에서는 '나'조차도 아니지만 편의상 '나'라고 하겠습니다. 이 책에서는 레비나스의 개념인 위상변환을 비유적으로 '상전이'라고 해석했고, 이를 적용한 〈그림 10a〉에서 '실존한다'는, 일종의 액체만으로 세계가 충전된 상태를 표현합니다.

그리고 나는 나를 부르는 목소리를 통해 타자와 나의 관계를 〈그림 10b〉와 같이 파악했습니다. 이때 '실사화, 즉 상전이'가 발생해 《나》는 개체화(또는 결정화)합니다. 그리고 나에게 경계는 타자의 존재를 통해서만 파악됩니다.

그런데 나의 세계에서는 여러 타자의 존재가 〈그림 10c〉처럼 보

실존한다

실사화되기 전의 '나'

〈그림 10a〉

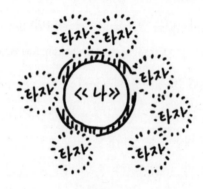

〈그림 10b〉

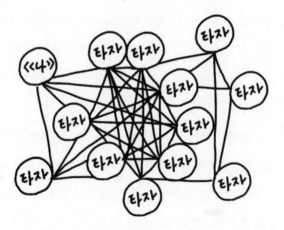

〈그림 10c〉

입니다. 각각의 타자는 실사화(상전이)된 존재자입니다. 적어도 나는 그 타자들의 존재를 확신할 수 있으며 떠맡고 있습니다. 나의 세계에 여러 타자가 존재하는데, 그들은 서로 존재를 떠맡고 있는 상태입니다. 존재를 서로 떠맡는 것은 각자의 초월 확실성 언명에 따라 수행되고 있으며 그 사실 또한 나는 확신할 수 있습니다. 〈그림 10c〉에서 타자와 타자를 잇는 선이 서로 존재를 떠맡는 것을 의미합니다. 그리고 이는 언어에 따라 이루어집니다.

언어는 분할의 도구이며 유대를 형성하는 도구이기도 하다는 사실을 떠올려 주십시오. 개체는 언어로 '분단'되어 있습니다. 이때 분단이란 〈그림 10a〉의 '실존한다'는 상태가 〈그림 10b〉의 개체, 즉《나》와 타자로서 실사화된 것을 가리킵니다. 예를 들면, 〈그림 10a〉는 액체 상태이며 〈그림 10b〉가 고체화되기 시작한 상태입니다. 즉《나》는 액체 속에서 《나》가 결정화되어 개체로서 떠오르는 것입니다.

1장에서 이야기한 르장드르는 이 분단된 개체를 부활시키기 위해 언어라는 유대가 필요하다고 생각했습니다. 유대란 붙들어 매기 위한 끈입니다. 르장드르는 언어는 우리를 속박하지만 그 속박은 분단된 개체인 우리를 붙들어 매는 것이기도 하다고 말합니다. 개체가 분단되기 전의 상태를 낭시는 **공동-체(코르푸스)라고 부릅니**다. 우리가 더불어 살아갈 수밖에 없는 것은 우리의 본래 양상이 전체로서 하나인 공동-체이기 때문입니다. 〈그림 10c〉는 분단된 개체가 유대를 통해 스스로를 타자와 연결하는 모습을 표현한 것입니다.

언어 이외에도 다양한 활동이 유대로서 기능하며 공동-체를 회복하려고 합니다. 부름과 응답은 그중에서도 가장 두드러지는 활동입니다. 왜냐하면 앞 절에서 이야기했듯이 《나》의 존재는 부름과 응답으로 타자를 떠받치기 때문입니다. 물론 부름과 응답뿐만 아니라 우리의 다양한 목소리나 표현, 행동이 유대를 형성합니다. 낭시는 이를 목소리의 분유(分有)라고 부릅니다. 분유란 구분소유를 말합니다.

앞서 살펴보았듯이 '주체'는 '나'라는 인간을 제어하는 어떤 존재를 말합니다. 그런데 우리의 '주체'는 분단된 개체에는 존재하지 않습니다. 개체에 '주체'가 존재한다는 생각 자체가 도그마라고 할 수 있습니다. 그러나 우리는 자신이 결정하고 자신의 의지대로 행동한다고 생각합니다. 그럼에도 그 결정은 언어를 써서 하며 비트겐슈타인이 말하는 언어 놀이의 한 양상일 뿐입니다. 또는 고프먼이 말하는 '공존의 장'에서 '상호작용 질서'에 나타나는 양상에 지나지 않습니다.

우리는 원하든 원하지 않든 간에 더불어 살아가는 존재입니다. 언어라는 유대를 통해 서로를 붙들어 매면서 또는 상호작용 질서를 통해 서로 의지하면서 공존하는 존재입니다. 여기에 존재하는 것은 속박이 아니라 유대입니다. 이 유대(또는 인연)를 속박이라고 생각하는 것은 '분단된 개체'에 '주체'가 존재한다고 볼 때 발생하는 오류입니다.

여기서 말하는 분단된 개체란 물질로서 삶의 양상인 〈신체〉입니다. 우리는 생물학적으로는 개체이며 각각의 개체에 정신이 깃든다고 무심결에 느끼고 있습니다. 우리는 자신이 결정하고 자신의 의지대로 행동한다고 생각하기에 이때 개체에 주체가 존재한다는 도그마가 발생합니다. 우리는 자신의 머리에 떠오르는 생각을 스스로 제어한다고 느끼지만, 뇌에서 발생하는 사고는 언어화된 순간에 인식된 것입니다. 그런데 비트겐슈타인은 나만이 인식할 수 있는 '사적 언어'란 존재하지 않는다고 합니다. 즉 개체에 깃든다고 여겨지는 정신이란 언어 자체를 말하고, 언어란 개체가 학습하는 것이지만 개체만으로는 성립할 수 없는 개념입니다. 3장에서 이야기했지만 비트겐슈타인은 이를 독아론의 부정이라는 문맥에서 지적했습니다. 반드시 타자가 존재한다는 결론은 신학 논쟁에서 나온 것이 아니라 언어에 대한 냉철한 분석에서 나왔습니다.

한편 우리는 개체에 속박되어 개체로 살아갈 수밖에 없는 존재입니다. 개체로 살아가는 우리는 공진을 찾아 목소리를 내고, 부르고, 타자의 부름에 응답합니다. 이것이 더불어 산다는 것입니다.

이는 우리가 상실해 버린 주체를 되찾으려고 하는 행위이기도 합니다.

내가 있을 자리 만들기

고프먼은 사람이 좀 칠칠치 못하거나 규범에 약간 어긋난 행동을 하는 것만으로도 세계를 파괴하는 방향으로 변하는 계기가 만들어진다는 지적도 합니다. 아무리 작은 행위라도 세계에 큰 영향을 미치는 경우가 있습니다. 이런 의미에서 우리는 공존의 장에 들어가 그 장의 상호작용 질서를 의식하고 이를 변화시키거나 유지하는 행동을 할 필요가 있습니다. 물론 그 장에서 아무것도 하지 않는 것조차 상호작용 질서의 형성에 큰 영향을 미칩니다.

세계의 성립과 질서는 우리를 속박하고 괴롭히기도 하지만 우리가 더 나은 삶을 살기 위해 필요한 것이기도 합니다. 이런 질서를 만들어 내는 것은 바로 우리 자신입니다. 그리고 현재 우리가 사는 사회에서 내가 있을 자리가 없다고 느낀다면 이를 앞장서서 만들어 나가야 합니다. 그러나 내가 있을 자리는 내 마음대로 정할 수 있는 것이 아닙니다. 상호작용 질서 안에서 어떤 배역을 받아 내가 있을 자리를 찾는 것입니다. 여기까지 읽은 분이라면 이미 알고 있겠지만, 내가 있을 자리가 **없다**는 것은 많은 경우 **상호작용 질서 안에서**

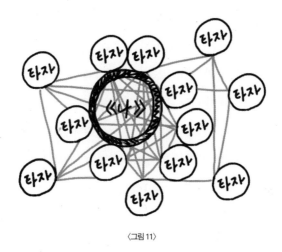

〈그림 11〉

자신이 구축해 온 자리가 본래 자신이 원하던 자리가 아님을 의미합니다.

　만약 당신이 그렇게 느낀다면 이를 조금이라도 자신이 원하던 장소에 가깝게 만드는 노력을 기울여야 합니다. 이는 또한 '공동-체'로서 자기를 인식하고 그 안에서 《나》를 자리매김하며 '목소리를 분유(分有)하는 것'입니다.

　우리는 타자가 계속 존재하기를 바랍니다. 《나》의 존재를 떠받치는 것이 타자라서 당연한 일입니다. 타자가 존재하지 않게 되면 《나》의 존재 자체도 위험에 처합니다. 타자의 부름에 응답하고 그 존재를 바라는 것이 '타자를 환대하는' 것입니다. 그리고 타자를 환대하는 것이 곧 《나》가 있을 자리를 만드는 것이며 《나》의 존재를 확실한 것으로 만드는 것 그 자체입니다. 더욱이 이는 〈그림

10c〉와 같이 타자가 유대를 맺는 장소에 《나》를 자리매김하는 것이며 〈그림 11〉과 같은 상태가 되는 것을 가리킵니다. 이렇게 타자가 이미 다른 타자와 맺고 있는 유대를 파괴하지 않고 그 안에서 《나》를 자리매김해야 하는 경우가 있습니다.

지금까지 있을 자리를 찾는다는 것에 대해 이야기했습니다만, 실은 타자의 집합인 사회에 존재하는 제도 안에서 우리가 '있을 자리를 확보하기'는 간단치 않습니다. 왜냐하면 이미 존재하는 유대가 〈나〉의 초월 확실성 언명과 모순되거나 때에 따라 제도나 타자와 맺는 관계 사이에 끼여 계속 고통을 느끼면서 존재해야 할 가능성마저 있기 때문입니다. 이런 때 우리는 사회에 존재하는 제도들 가운데 몇 가지를 변화시켜야 합니다.

제도를 바꾸는 힘은 폭력도, 권력도, 경제력도 아닙니다. **타자를 부르고 타자의 부름에 응답하기, 타자를 환대함**으로써 자신이 있을 자리를 만들어 내는 것 자체가 제도를 바꿉니다. 우리는 이미 준비된 사회에서 있을 자리를 찾는 것이 아닙니다. 있을 자리는 스스로 만들어야만 합니다. 이것이 사회의 소유이며 사회의 속박에서 벗어나는 방법입니다.

또 있을 자리란 《나》가 자유로워지기 위한 장소이며, 그곳을 기점으로 삼아 언어·가치·이야기·세계를 만들어 나가고 이들의 속박에서 벗어나기 위한 장소입니다. 이런 의미에서 있을 자리가 잘못되었거나, 올바르지 않거나, (자신의) 초월 확실성 언명과 모순되거나 하는 것을 허용할 수 없습니다. 잘못된 토대에 세워진 논리는 모두 잘못되기 때문입니다. 그리고 우리는 있을 자리를 만드는 게 힘들다고 느낄 때 또는 올바른 자리에 있지 않다고 느낄 때 싸워야만 합니다. 이는 타자와 맺는 관계의 문제이며 이미 존재하는 유대의 문제라서 '나'의 내부에서만 처리할 수 있는 문제가 아닙니다. 또 '있을 자리가 없어도 좋다'고 생각할 때는 '죽을 자리'를 만들어야 합니다. 이 또한 '자리'임이 분명하기 때문입니다.

산다, 죽는다는 것의 의미

5장

더불어
싸운다는 것

싸워서 자리를 만들다: 들뢰즈의 '사이에서 벌어지는 싸움'

사회에 존재하는 다양한 제도는 우리가 타자와 어떻게 접하며, 어떻게 관계를 맺을 것인가를 느슨하게 규정합니다. 따라서 이런 사회에서 있을 자리를 만든다는 것은 타자와 관계를 만든다는 뜻입니다. 이런 작업이 있기 때문에 처음으로 우리는 '나'의 존재를 확실한 것으로 만들 수 있고, 이를 통해 세계를 떠맡는 자로서 《나》가 발생합니다. 그리고 '나'라는 '언어 놀이'가 발생해 언어와 가치가 생겨납니다.

그러나 있을 자리를 만드는 것이 힘들다고 느낄 때 우리는 존재의 기반을 잃어버리고, 속박에서 벗어나기 위해 힘껏 버틸 장소를 잃어 가게 됩니다. 이런 때에 그저 그런 있을 자리에 마지못해 존재하면 그 자체가 고통의 원인이 됩니다. 그래서 있을 자리만 있으면 그만이 아니라, 그것이 《나》에게 올바른 자리여야만 합니다. 즉 타자와 맺는 관계는 우리 존재의 기반이며 우리가 속박에서 벗어나는 기점이 됩니다.

우리가 있을 자리는 누군가가 주는 것도, 강요하는 것도 아닙니다. 1장에서 이야기한 궁극의 선택을 떠올려 주십시오. 카레 맛 똥과 똥 맛 카레 중 하나를 선택하라고 강요받으면 당연히 대답할 수 없습니다. 왜냐하면 그런 선택으로는 올바른 자리를 만들 수 없기 때문입니다. 올바른 자리란, 마지못해 내리는 판단이 아니라 자신의 올바른 판단이 허용되는 자리여야만 합니다. 앞에서 예로 든 궁극의 선택에서 우리는 대답을 강요받고, 그것이 당신이 선택한 자리라는 말을 듣습니다. 이때 대답을 거절해야 합니다. 궁극의 선택에 몰릴 때만 이런 상황에 빠지지는 않습니다.

프랑스의 철학자 들뢰즈(Gilles Deleuze, 1925~1995)는 「심판과 결별하기 위하여(Pour en finir avec le jugement)」라는 글에서 이렇게 말합니다.

싸움이란 신의 심판이 아니다. 신, 그리고 심판과 결별하기 위한 방법이다. 심판에 따라 성장하는 사람은 아무도 없다. 사람은 어떤 심판도 전제로 삼지 않는 싸움으로만 성장한다.[17]

여기서 심판이란 절대적인 가치가 존재한다고 보고 그 가치에 비춰 올바름을 판정하는 것입니다. 그러나 절대적인 가치, 즉 진리의 존재는 가정할 수 없습니다. 그리고 존재한다고 해도 사람은 그것을 알 수 없습니다. 궁극적으로 옳은 것인 진리에 도달할 수 없는 이상 우리는 싸움으로만 올바름을 추구할 수 있을 것입니다. 이때 싸움이란 《나》의 가치와 타자의 가치가 **충돌**하는 것이며 그 충돌의 결과로 있을 자리가 만들어집니다. 이 싸움은 상대방을 쓰러뜨리기 위한 것이 아닙니다. 들뢰즈는 이를 '사이에서 벌어지는 싸움' 이라고 불렀습니다.

　　그러나 더 근본적으로는 나와 우리 당사자 사이, 정복하거나 정복당하는 모든 힘 사이, 이것들의 힘의 관계를 표현하는 모든 잠재 세력 사이에서 벌어지는 싸움이란 싸우는 사람 자신이다.[18]

　　그러나 이 외적인 싸움, 이 대항하는 싸움이 정당해지는 것은 싸우는 모든 힘의 구성을 규정하는 사이에서 벌어지는 싸움에서다. 타자에 대한 싸움과 자기 사이의 싸움을 구별해야 한다.[19]

　예를 들어, 내가 취업하라는 부모와 대립한다고 해 봅시다. (제가 젊었을 때 그랬습니다.) 우선 그것을 강제하는 인간(부모)과 나의 싸움이 있습니다. 그 싸움이 말다툼과 험악한 분위기라는 형식을 취할 경우, 이는 외부에 존재하는 타자에 대항하는 싸움이라는 양상을 띱니다. 이 대항하는 싸움에는 부모나 지도자, 교육자 등 권력과 강제력을 배경 삼아 어떤 가치관을 강요하는 존재가 있습니다. 이에 대항해 상대방의 힘을 파괴하거나 물리치기 위한 싸움이 대항하는 싸움입니다.

그러나 들뢰즈는 이것이 나와 우리 당사자 사이에서의 싸움이라고 이야기합니다. 앞의 예로 말하자면, 이 '사이에서의 싸움'이 부모와 나 사이(중간)에 존재하는 어떤 (위협이 아니라) 상태에 이르는 것을 가리킵니다. 이는 대항하는 싸움이라는 양상도 띠지만, 이것이 의미가 있는 것은 이와 동시에 나(투쟁하는 사람)의 내부에서 '사이에서의 싸움'이라는 요소가 발생할 때입니다. 그리고 이것이 〈나〉 내부에 있는 A라는 가치관과 B라는 가치관 사이의 싸움으로서 인식될 때 자기 내부의 싸움이 됩니다.

외부의 싸움과 내부의 싸움

외부의 싸움이란 〈나〉의 내부에서 가치의 변화를 초래하는 싸움입니다. 이는 《나》가 구축한 가치이기도 하다는 사실에 주의해야 합니다. 그리고 외부의 싸움은 피할 수 있으며 이것도 싸움의 한 형태입니다.

외부의 싸움이라도 《나》는 《나》와 '사이에서의 싸움'을 하고 있을 것입니다. 이때 싸움은 〈나〉의 내부에서도 벌어진다는 뜻입니다. 〈그림 12a〉에서처럼 내가 외부에 존재한다고 추측하는 싸움은 분명 〈나〉의 내부에서도 일어납니다. 이를 외부에서 처리할 수도 있고, 내부에서 처리할 수도 있습니다.

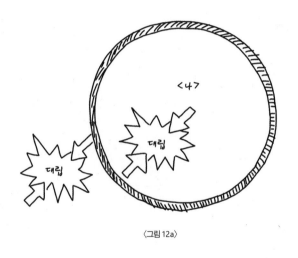

〈그림 12a〉

쉽게 설명하기 위해 예를 들어 보겠습니다. 각자 어쩔 수 없는 사정이 있다며 의견 대립을 피했을 때 그 외부의 싸움은 전부 〈나〉의 내부에 주입됩니다. 이는 싸움의 회피가 아닙니다. 어쩔 수 없다고 떠맡는 순간부터 싸움이 됩니다. 그리고 그렇게 결론을 내렸

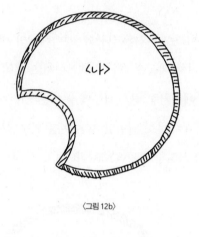

〈나〉

〈그림 12b〉

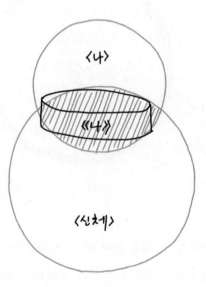

〈나〉

《나》

〈신체〉

〈그림 12c〉

다면 그 결과도 받아들여야만 합니다. 참을성이 필요하고 타협해야 할 때도 있습니다. 그러나 이는 싸움의 회피가 아니라 더 혹독한, 〈나〉 내부의 싸움을 선택한 것뿐임을 자각해야 합니다. 즉 〈그림 12a〉의 경우 그 대립은 〈나〉가 떠맡아 〈나〉의 내부에서 처리될 것입니다. 물론 많은 부분을 외부에서 처리할 수도 있습니다.

한편으로 어쩔 수 없다거나 내가 참으면 된다고 생각할 때, 즉 외부의 싸움을 피하고 내부의 싸움까지 피할 때 우리는 매우 위험한 자리에 서게 됩니다. 왜냐하면 올바르지 않은 자리에서 마지못해 자신의 혼을 축소하고 살아갈 수밖에 없기 때문입니다. 이런 상태를 〈그림 12b〉에 나타냈습니다. 외부의 싸움을 피하고 내부의 싸움도 포기한다는 것은 그 부분을 고스란히 잘라 내는 데 비유할 수 있습니다. 이를 반복하다 보면 〈나〉는 점점 형태를 바꾸면서 계속 작아지게 됩니다. 〈그림 12c〉처럼 〈나〉가 작아진다는 것은 중첩된 영역인 《나》가 작아진다는 것이기도 합니다.

이 외부와 내부의 싸움은 모두 언어를 써서 이루어집니다. 《나》가 만들어 낸 논리의 기반인 초월 확실성 언명을 기준으로 삼고 어떤 말이 이와 모순된다고 생각할 때 우리는 싸웁니다. 사회에서 자기 자리를 만들기 위한 싸움은 〈나〉가 올바르게 존재하기 위한 자리를 확보하기 위한 싸움이기도 합니다. 올바르지 못한 자리에 선 채로 올바르게 존재할 수는 없습니다.

타자와 함께 싸우다

있을 자리를 혼자서는 만들 수 없습니다. 왜냐하면 우리는 이해할 수 없는 타자들 사이에서 자리를 만들어야 하기 때문입니다.

그리고 타자와 관계를 구축한다는 것은 타자와 맺는 관계에 속박된다는 사실도 의미합니다. 머리말에서 이야기한 속박의 의미를 떠올리기를 바랍니다. 속박이란 '나'의 자유가 방해받는 것이라고 지적했습니다. 지금까지 거듭 이야기했듯이 속박에서 벗어나려면 그것을 소유하는 수밖에 없습니다. 타자와 맺는 관계를 포기할 수는 있어도 모든 관계를 포기할 수는 없습니다. 부름에 응답하는 것도 관계를 만드는 것이기 때문입니다. 여기서 소유란 부름에 응답하고 또 부르면서 타자와 관계를 구축해 가는 것입니다.

〈나〉는 올바르려고 하는 자유를 침해하는 타자와 맺는 관계나 유대는 버리고 다른 관계를 구축하도록 노력해야 합니다. 여기서 타자의 이해 불가능성을 인식하고 부름에 응답하기를 포기할 수 없다는 사실을 깨닫는 것이 중요합니다. 따라서 싸움이란 타자에 맞서 싸우는 것이면서 타자와 같이 싸우는 것입니다. 이는 타자에게 《나》를 떠맡기면서도 타자의 가치와 〈나〉의 가치를 충돌시키는 것을 의미합니다. 이것이 자리 만들기입니다. 이는 싸움이 외부에서 일어나든 내부에서 일어나든 같습니다.

우리는 올바른 자리를 만들 수도 있고, 지금 자신이 있는 자리를 올바른 것으로 바꿀 수도 있습니다. 어떤 경우든 〈나〉와 타자가 모두 조금씩 변합니다. 그리고 이 변화는 내가 의도하지 않아도 반드시 더 올바른 방향으로 일어납니다. 올바른 자리를 만든다는 것은 있을 자리를 만든다는 것 자체이며 지금 있는 자리를 올바르게 바꾼다는 것은 그곳에서 배제되지 않게끔 한다는 것입니다.

이런 의미에서 우리는 올바르지 않은 방향으로는 변화를 지향할 수 없는 존재입니다. 올바르지 않은 방향으로 변하는 것은 게으르게 살기 때문이며 있을 자리를 만들려고 하지 않기 때문입니다.

즉 타자와 싸운다는 것은 타자와 더불어 올바르게 변한다는 것을 의미합니다. 그리고 〈나〉와 타자가 더불어 올바르게 변한다는 것은 세계와 사회가 더 올바르게 변해 간다는 것을 의미합니다.

올바르다는 것

진정한 올바름 같은 것은 없다

지금까지 이 책의 곳곳에서 올바르다 또는 올바름을 강조했습니다. 왜냐하면 그 결과가 어떻든 사람은 올바르려고 하는 것을 지향하기 때문입니다. 그 올바름이란 과연 무엇일까요? 저는 이것을 사회의 정의나 공공의 정의라는 의미가 아니라 어떤 개인 내부의 올바름이라는 뜻으로 썼습니다. 단적으로 말하자면, 이것은 논리의 정합성입니다. 그리고 우리가 있을 자리를 만드는 것은, 거듭 말하지만 스스로 올바르게 존재하기 위해서입니다.

도둑도 할 말이 있다는 말이 있습니다. 그런데 도둑으로서 '할 말'이 단순한 변명이 아니라 어느 시점에서는 완벽한 논리가 되기도 합니다. 아마 그 논리는 다음과 같을 것입니다.

"도둑질을 하지 않으면 밥을 먹을 수 없고, 일하기는 귀찮다. 위험하다고 이미 알고 있지만 노력과 효과의 균형을 생각해 본 결과, 이 시점에는 도둑질이 가장 효율적인 행위다."

물론 사회적으로는 받아들여질 수 없지만 이것이 논리라는 사실에는 변함이 없습니다. 한편 도둑질은 나쁜 짓이며 해서는 안 된다고 생각했지만 마가 끼어 하고 말았다는 식의 말은 변명이지 결코 논리가 아닙니다. 이것은 사회에 변명하기 위해 사회에서 바라는 말을 했을 뿐입니다. 이렇게 말하는 도둑의 논리는 조금이라도 가벼운 형벌을 받으려면 반성하는 자세를 보여야 한다고 생각한 결과일 뿐입니다.

사람은 자신이 해서는 안 된다고 생각하는 것을 실행할 수 없습니다. 당연합니다. 해도 된다 또는 적어도 어쩔 수 없다고 생각했기 때문에 그 행위를 실행합니다. 도둑도 같습니다. 어쩔 수 없다는 논리를 통해 본래 사회의 가치로 보면 해서는 안 되는 행동이 자신의 내부에서 정당화됩니다.

그러나 정당화를 위한 논리가 잘못되었을 가능성에 대해 생각해 볼 필요가 있습니다. 이 경우 잘못되었음은 그 논리로는 당초 목표한 지점에 도달할 수 없었다는 사실을 가리킵니다. 우리는 이때 자신의 행동이 올바르지 않았다는 사실을 깨닫습니다. '잘못되었다'는 과거형으로밖에 표현할 수 없듯이 이는 시간이 지나야만 알 수 있습니다. 하지만 그래서는 곤란합니다. 왜냐하면 올바른 행동은 결과에 따라 판단되는 것이 아니기 때문입니다.

올바름은 늘 행위에 앞서 판단되어야 합니다. 그러나 이것이 간단하지는 않습니다. 어느 시점에서는 인간이 알 수 있는 것만 알 수 있으니까요. 그렇다면 우리는 그렇게 한정된 자리에서 올바르려고 하는 것을 지향할 수 있을까요? 이에 관해 들뢰즈는 다음과 같이 이야기합니다.

> 대항하는 싸움은 어떤 힘을 파괴하거나 물리치려고 한다. (미래의 악마적인 잠재력을 상대로 싸우는 것이다.) 그러나 사이에서의 싸움은 반대로 어떤 힘을 포착해 그것을 자신의 힘으로 삼으려고 한다. 사이에서의 싸움이란 서로 다른 다양한 힘을 포착해 새로운 집합 안에서 그리고 어떤 생성 안에서 그 힘들에 모든 것을 연결해, 어떤 힘이 자기 자신을 풍요롭게 만들어 가는 과정이다.[20]

여기서 들뢰즈는 타자를 통해 제시된 가치를 '사이에서 벌어지는 싸움'을 통해 자신의 내부에 받아들일 수 있고, 그럼으로써 〈나〉가 더 올바르게 될 수 있다고 봅니다. 그리고 그 싸움이 언어와 가치를 통해 이루어진다고 생각해 볼 때 이는 르장드르가 말하는 언어라는 유대를 통해 우리가 공동성을 회복해 가는 과정이라고 할 수 있습니다.

우리는 현재 잘못된 것투성이인 올바르지 않은 세계에 존재합니다. 결코 지금의 세계를 부정하려고 하는 말이 아닙니다. 세계는 늘 잘못되어 있습니다. 진정한 올바름에 결코 도달할 수 없으며 진정한 올바름 같은 것은 원래 존재하지 않기 때문에, 아무리 진화한 사회나 우주라도 잘못되어 있기는 매한가지입니다. 그러나 우리가 이를 조금씩 보정할 수는 있습니다. 진정한 올바름이 아니라 더 올바른 방향으로 세계를 바꿔 나가는 것이 생명체라는 시스템 전체의 방향성입니다.

그런 가운데 우리는 고독한 싸움을 계속하면서 똑같이 고독과 싸우고 있는 자아의 목소리를 받아들일 수 있습니다. 그때 우리는 더불어 싸우는 결의를 고독 속에서 확인할 수 있습니다. 대화를 나누지도 않고 서로 싸우는 방법을 확인하지 않았어도 더불어 싸운다고 느낄 수 있습니다. 그렇게 함으로써 우리는 타자에게 존재를 인정받고, 인정받음으로써 《나》라는 존재가 확실해지며, 그 존재가 더 강해집니다. 이런 타자의 존재와 접촉했을 때 우리의 혼은 살짝 떨립니다.

이는 우리가 타자와 더불어 싸우는 것으로만 올바르게 존재할 수 있다는 뜻입니다.

우리의 올바름을 지탱하는 것

　사람은 종종 사회가 금지하는 것과 스스로 금지하는 것을 혼동합니다. 이는 인간이 사회화라는 기능을 갖고 있기 때문이고, 앞서 이야기한 대로 이를 규범의 내재화라고 부릅니다. 이를 통해 사람은 사회의 올바름을 자신의 올바름으로 삼을 수 있지만, 그 자체가 '나'를 괴롭히기도 합니다.

　올바르게 존재한다는 것은 어떤 논리 체계의 내부에서 모순을 최소화한다는 행위의 다른 이름입니다. 그리고 여기서 이야기하고 있는 올바름이란 이미 이야기했듯이 개별적인 올바름이며 사회의 올바름과는 다른 개념입니다.

　이런 의미에서 올바르게 존재한다는 것은 개별적인 올바름을 추구하는 것입니다. 사람은 각자 개별적인 올바름을 각자 삶의 자리에서 추구합니다. 사람은 제각각 경험이 다르고 처한 환경도 다릅니다. 그래서 저마다 개별적인 장소의 올바름을 추구할 수밖에 없습니다. 그러나 이는 확실히 잘못되어 있습니다. 왜냐하면 개별적인 올바름이라든가 ○○의 정의라는 개념이 사회의 올바름과는 상반되기 때문입니다.

　1장의 〈그림 1b〉를 〈그림 13a〉로 다시 나타내 보겠습니다. 우리의 올바름은 진리가 지탱하지 않고 〈그림 13b〉처럼 초월 확실성

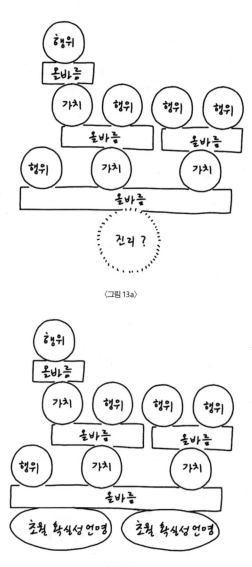

〈그림 13a〉

〈그림 13b〉

언명이 지탱하고 있습니다. 그림에서는 간략하게 나타냈지만 우리가 올바르다고 생각하는 언명(즉 글과 표현)은 그 하위에 있는 어떤 언명이 지탱합니다. 이때 올바름을 판정하는 기준은 무한히 후퇴합니다. 그러나 개별적인 올바름에서는 무한 후퇴가 일어나지 않습니다. 개별적인 올바름은 어딘가에서 초월 확실성 언명이라는 기반으로 지탱되기 때문입니다.

〈그림 13b〉가 성립하려면 〈나〉의 초월 확실성 언명이 올바르다고 판정되는 자리에 존재해야 합니다. 만약 〈나〉의 초월 확실성 언명이 의심된다면 《나》는 싸우게 됩니다. 그 싸움의 결과는 타자에게 초월 확실성 언명을 인정받을 것인가 또는 《나》가 초월 확실성 언명을 버릴 것인가로 나타납니다. 물론 〈나〉의 초월 확실성 언명이 잘못되었을 수도 있고 올바름을 판정하는 논리회로가 틀렸을 수도 있습니다. 우리의 논리회로는 불완전하며 성능이 좋지도 않습니다. 세계에서 으뜸가는 철학자의 논리회로도 불완전합니다. 그러나 우리와 그들은 부단한 노력을 통해 그 성능을 온전히 활용해 늘 논리를 재구축하려고 노력하는가의 여부에서 결정적으로 다릅니다. 이것이 싸움입니다. 싸움이 있는 곳에는 진동이 생깁니다. 그 진동은 공진이 되고 전파되면서 불완전성을 완만하게 보완할 수 있습니다.

타자가 일으키는 공진(共振)

공진(共振)은 함께 떨린다는 뜻이면서 더불어 살아가는 것을 전제로 발생하는 현상입니다.

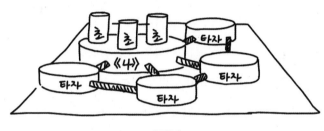

〈그림 14〉

〈그림 14〉는《나》와 타자, 초월 확실성 언명의 관계를 나타내는 것입니다. 다시 이야기합니다만, 초월 확실성 언명이란 우리가 개별적인 올바름을 추구할 때 논리의 기반이 됩니다. 그리고 이것은 《나》가 지탱하고 있습니다. 또 초월 확실성 언명의 묶음은 〈나〉를 구성하는 주된 요소입니다. 《나》가 초월 확실성 언명을 지키기 위해 싸우는 것이 초월 확실성 언명을 지탱하는 힘입니다. 이 책에서 거듭 이야기했듯이 《나》와 타자를 잇는 선은 유대고, 《나》는 그 존재를 타자가 떠맡아 줌으로써 이 세계에 존재한다고 실감할 수 있습니다. 즉 〈나〉 또는 《나》가 올바르려고 할 때 그 올바름을 근원에서 지탱하는 것이 타자라는 뜻입니다. 물론 우리는 타자를 이해할

수 없습니다. 내가 지각할 수 있는 것은 타자의 부름과 응답 또는
목소리뿐입니다.

초월 확실성 언명은 나의 올바름의 기반인 반면, 《나》가 유지하
는 것이기도 합니다. 논리적인 의미로는 초월 확실성 언명의 묶음
자체가 〈나〉입니다. 스스로 지키며 지탱하는 것이기 때문에 이 언
명은 그리 간단하게 포기되지 않습니다.

물론 '나는 내가 인간이라는 사실을 알고 있다', '나는 내가 청국
장을 싫어한다는 사실을 알고 있다', '나는 어제 ~라고 말했다' 등
선언된 초월 확실성 언명은 많습니다. 이 가운데 몇 가지를 포기한
다고 해서 〈나〉가 붕괴되지는 않습니다. 그럼에도 될 수 있는 대로
그것을 지키려고 싸웁니다.

원래 초월 확실성 언명은 근거 없이 믿게 되고 선언되기 때문에,
이를 논리적으로 부정할 수는 없습니다. 제가 '나는 다카다가 아니
라 브라운'이라고 생각하고 초월 확실성 언명으로 선언했을 때, 이
를 논리적으로 부정할 방법은 없습니다. 원래 '나는 다카다'라는
사실조차 논리적인 귀결에 따라 올바르다고 여겨지는 것이 아닙니
다. 그러나 우리 인간은 이런 상황을 수정할 방법이 있습니다. 그
것이 더불어 살아가는 타자가 일으키는 공진입니다.

〈그림 14〉를 다시 봐 주십시오. 초월 확실성 언명이 《나》를 지탱
하지만, 그 《나》는 타자가 떠맡고 있습니다. 《나》를 떠맡은 이 타자

의 목소리가 나에게 닿습니다. 그리고 앞의 상황에서 "당신이 어제까지는 다카다였던 것 같은데 오늘부터는 아니다."라는 목소리가 나에게 닿을 때 거기에서 공진이 발생합니다. 왜냐하면 《나》를 떠맡고 있는 사람들의 망설임이 거기 존재하고, 그것이 나에게 전달되기 때문입니다. 그럼에도 타자는 《나》를 계속 떠맡을 것입니다.

나는 《나》의 존재를 떠맡은 사람들의 망설임, 기쁨, 분노, 슬픔 등에 민감합니다. 이는 존재를 떠맡고 있다기보다는 존재를 공유하고 있다고 할 만한 상태이기 때문입니다. 우리가 이런 공진을 받아들일 때, 극히 일부라도 〈나〉의 논리적 기반인 초월 확실성 언명을 버릴 수 있습니다. 이는 오히려 당연한 일 같습니다. 왜냐하면 《나》의 존재를 지탱하는 것이 타자 외에는 없기 때문입니다.

작은 진동 하나로도 세계가 바뀐다

타자란 우리가 만남을 경험한 모든 사람입니다. 우리가 만나고 그 존재를 알게 된 상대는, 직접 얼굴을 본 적이 없는 사람이건 이미 죽은 사람이건 나에게 타자이며 나의 존재를 떠맡은 사람이 될 수 있습니다. 단, 실제로 얼마만 한 강도로 존재를 떠맡고 있는가는 경우에 따라 다릅니다.

만남이 있는 곳에는 많든 적든 반드시 공진이 발생합니다. 그리고 이를 통해 《나》에게 에너지가 주어집니다. 이 에너지가 소비되지 않으면 나의 내부에 머물고, 소비되면 외부를 향한 진동이 되어 나타납니다. 공진은 크기가 각각 다르지만 매일 우리에게 발생하는 현상입니다. 우리는 그저 거리를 걷고 있을 때에도 누군가와 공진합니다. 그 사람의 옷차림이나 행동거지, 걸음걸이, 서 있는 모습조차 어떤 공진을 발생시키며 그 진동이 다른 사람에게 전파되어 다시 우리 자신에게 돌아옵니다.

공진은 거리에 나가지 않아도 발생합니다. 아니, 믿기 어렵지만 누군가와 만나지 않아도 발생합니다. 누군가가 우리를 불렀을 때 우리가 응답하지 않아도 발생하고, 내가 부재하거나 침묵하는 경우에도 매한가지입니다. 부재나 침묵이라도 그 진동 에너지가 결코 작다고는 할 수 없습니다. 아주 큰 에너지를 지닌 침묵도 있고, 그와 반대로 에너지가 아주 작은 수다도 있습니다.

아주 짧은 단어, 찰나의 한숨, 무심한 행동, 평범한 옷차림, 잠깐의 침묵, 뭔가를 깜빡한 순간 등이 극적으로 세계를 바꾸기도 합니다. 작은 진동 하나가 순식간에 세계로 퍼지고, 세계는 나날이 변해 갑니다. 이런 의미에서 사람은 살아 있는 한 공진을 계속하는 존재라고 할 수 있습니다. 여기서 다시 201쪽의 〈그림 14〉를 봐 주시면 좋겠습니다. 존재를 함께 떠맡은 타자는 서로 유대를 구성합니다. 이 유대를 경유해 공진이 전파됩니다. 이 세계에서 아무와도 유대를 맺지 않는 사람은 없을 테니 공진은 모든 인류에게 전파됩니다.

그리고 우리는 수동적으로 공진을 전파받기만 하는 존재가 아닙니다. 자신의 내부에서 받아들이는 진동을 선택하고, 어떤 진동은 자기 의지에 따라 제한하며, 선택한 진동만 매개하며 새로운 진동을 발생시킬 수 있습니다. 이는 의지의 힘에 따른 것입니다. 그렇게 함으로써 우리는 세계를 좋은 방향으로 유도해 갑니다. 그런데 이때 좋음이 어떤 것인지는 아무도 모릅니다. 이는 우리 의지의 힘과 논리를 구동하는 힘이 가리키는 방향의 다른 이름에 지나지 않기 때문입니다.

한편 우리는 우리 의지의 힘으로 선택하는 것이 아니라 자연스럽게 에너지의 큰 진동에 공진해 이를 자신의 진동으로 삼기도 합니다. 이는 모두 좋다고 하는 음악을 좋은 음악이라고 느끼고 모두 올바르다고 하는 의견을 올바른 의견이라고 믿는 상태와 같습니다. 이 세계에서 즐겁게 살아가는 것은 분명히 아주 중요하지만, 이것이 흘러가는 대로 살아가는 것을 의미하지는 않습니다.

우리는 공진하고 있으면서도 이를 깨닫지 못한 척하며 자기 내부의 시스템에 따라 그 공진을 억압하기도 합니다. 이는 그 공진이 내 눈에 그다지 일반적이지 않은 것으로 보일 때 종종 발생합니다. 이렇게 어떤 공진이 《나》가 올바른 방향으로 나아가는 데 도움이

되는지 분명치 않은 경우가 있지만, 이는 그 사람이 개별적인 올바름을 추구하지 않아서 발생하는 오해에 기초한 것입니다. 사람이 올바른 자리에서 개별적인 올바름을 추구한다면 반드시 올바른 공진을 느끼게 됩니다. 즉 그릇된 공진을 받아들인다는 것은 있는 자리가 올바르지 않다는 것을 드러냅니다.

나는 타자로 더 강해진다

여기서 다시 초월 확실성 언명에 대해 생각해 보겠습니다. 아무런 근거도 없이 믿는 것에 불과한 이 초월 확실성 언명이 강한 힘을 가질 때, 사람은 이에 따라 구축되는 개별적인 올바름을 힘껏 추구할 수 있게 됩니다. 이때 우리는 어떻게 아무 근거 없는 언명을 굳게 믿을 수 있을까요?

〈그림 15〉에 나에 대한 부름이 있을 때를 표현해 봤습니다. 이는 4장에 나온 그림의 변형인데, 부름에 따라 나의 초월 확실성 언명이 발생할 때를 나타냅니다.

타자 A의 부름에 따라 《나》는 '나는 내가 A의 목소리를 들었다는 사실을 알고 있다', '나는 A가 존재한다는 사실을 알고 있다'는 초월 확실성 언명을 행합니다. 이는 《나》가 행하는 최초의 초월 확실성 언명이기도 할 것입니다.

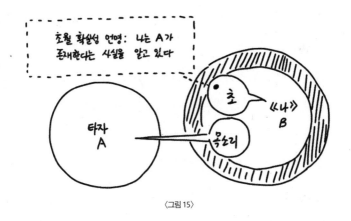

〈그림 15〉

　처음으로 어머니의 목소리를 들었을 때, 처음으로 어머니의 얼굴을 보았을 때(얼굴을 돌리는 것도 부름입니다.), 달리 말하자면 내가 개체로서 이 세계에 태어나 처음으로 나를 부르는 사람의 목소리를 들었을 때, 나는 이런 초월 확실성 언명을 행합니다. 이는 모든 언명의 올바름에 기초가 되는 초월 확실성 언명 가운데 최초로 발생하는 것이 '내가 존재한다'가 아니라 '어떤 타자가 존재한다'는 사실임을 의미합니다. 이때 동시에 《나》의 기반이 주어집니다. 이는 내가 《나》가 되는 순간입니다. 169쪽의 〈그림 8b〉처럼 나를 부르는 사람은 《나》의 존재를 떠맡은 사람입니다. 개체로서, 물질로서 '나'는 존재를 떠맡은 타자의 목소리를 통해 《나》가 되며 최초의 초월 확실성 언명을 행한다는 뜻입니다.

　초월 확실성 언명은 〈나〉 자체고, 《나》는 이것을 지키기 위해 싸웁니다. 하지만 초월 확실성 언명의 강도는 논리적인 올바름이 아닌 《나》의 존재 강도에 따라 지탱되고 있습니다. 그리고 《나》의 존재 강도는 타자가 받아들여 줌으로써 그 힘을 더해 갑니다.

〈그림 16a〉에 나타낸 것처럼 타자가 안정적으로 떠맡아 줄 때 《나》의 존재는 더 강해지고, 그 결과로 초월 확실성 언명도 더 굳건해집니다. 강건한 초월 확실성 언명 위에서는 견고한 논리를 구축할 수 있습니다. 이런 때 이 논리에 따라 구축되는 언어, 가치, 이야기, 세계는 강건한 개별적인 올바름을 갖게 됩니다. 이와 반대로

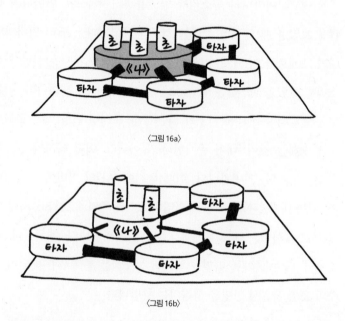

〈그림 16a〉

〈그림 16b〉

타자가 안정적으로 떠맡아 주지 않을 때 《나》의 존재는 강도가 약해지며 초월 확실성 언명도 약해집니다(〈그림 16b〉). 그렇게 되면 초월 확실성 언명을 기반으로 가치나 이야기를 만들기가 어려워집니다. 설령 만들었다 해도 굳건한 기반으로 지탱되지 않는 가치나 이야기는 곧 포기되고, 결국 자신의 가치나 이야기를 갖지 않게 되기도 할 것입니다.

가면 뒤의 나를 잃어버리지 않으려면

초월 확실성 언명은 나 자신에 대한 정의를 포함합니다. 이는 '나는 인간이다', '나는 사회인이다'와 같이 '나는 ~이다'라는 형식을 갖춘 언명 가운데 아무런 근거 없이 《나》가 믿으며 이를 부정당할 경우에는 싸운다고 생각하는 것입니다.

〈나〉는 '나는 ~이다'라는 형식의 언명을 많이 갖습니다. 그러나 그중 많은 것은 배역으로서 주어졌으며 (또는 선택했으며) 초월 확실성 언명은 아닙니다. 여기서 2장의 가면에 관한 이야기를 떠올려 주십시오. 이는 가면과 그 뒤에 있는 얼굴의 관계 같은 것입니다. 물론 가면이 배역이고, 그 뒤의 얼굴은 '나는 ~이다'라는 형식의 초월 확실성 언명입니다.

우리는 가면 뒤의 얼굴이 분명하지 않으면 배역을 잘 연기할 수

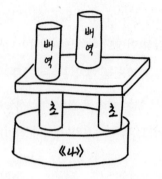

〈그림 17a〉

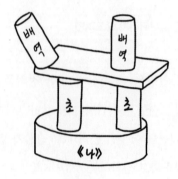

〈그림 17b〉

〈그림 17c〉

없습니다. 무엇이 가면이고 무엇이 가면 뒤의 얼굴인지 알 수 없게 되기 때문입니다. 예를 들어, 〈그림 17a〉와 같은 상태에 있을 때는 초월 확실성 언명이 약해서 그 위에 배역을 올려놓을 수 없습니다. 그럼에도 배역을 마지못해 연기하는 사이에 실패하거나(〈그림 17b〉), 본래 배역에 지나지 않던 것이 초월 확실성 언명 자리를 차

〈그림 18〉

지하는(〈그림 17c〉) 사태가 일어납니다.

연기나 배역 소화는 어느 정도 무대, 즉 세계에 몰입하지 않고서는 잘할 수 없습니다. 몰입할 수 있다는 것은 되돌아갈 수 있다는 사실을 전제로 합니다. 이는 〈그림 18〉에서처럼 '나는 ~이다'라는 초월 확실성 언명이 굳게 지탱하는 상태에서 처음으로 가능해집니다. 이런 상태라면 배역을 그만둘 수도 있고 배역에 몰입해도 가면

뒤의 나를 잃어버리지 않습니다.

물론 배역만이 문제는 아닙니다. 약한 초월 확실성 언명 위에 가치가 놓인다면 가치관이 곧 붕괴하거나 다른 기묘한 가치관에 지배당할 것입니다. 가치뿐만 아니라 이야기나 언어도 같습니다.

올바르게 죽다,
올바르게 살다

우리는 죽어도 존재하기를 바란다

지금까지 '나'에 대해 다양한 사고를 거듭했는데 이 책의 종반에 가까워진 지금, 나의 죽음에 대해 생각해 보려고 합니다. 우리가 죽음을 통해 실존한다·존재한다에서 벗어날 수 있다고 느끼지만, 이는 오해입니다. 죽음이 '존재한다'를 소멸하는 일은 없습니다.

이에 대해 레비나스는 다음과 같이 말합니다.

고통이 그렇게 비장한 것은 **존재**로부터 도망칠 수 없다는 사실, 존재 속에 걸려들었다는 사실 때문만이 아니라, 죽음이 그것으로부터의 초월을 예고하는 빛과의 관계를 떠난다는 사실에 대한 두려움 때문이기도 하다. 햄릿과 마찬가지로 우리는 무지의 존재보다 이미 알고 있는 존재를 더 선호한다. 이것은 마치 실존자가 위상변환에 따라 들어선 모험이 이러한 모험에 존재하는 견딜 수 없는 것들에 대항해서 유일하게 받을 수 있는 도움이고 유일한 도피처인 것과 같다. 죽음에는 루크레티우스가 말하는 무를 향한 유혹과 파스칼이 말하는 영원에 대한 욕망이 있다. 이들은 결코 전혀 다른 상태가 아니다. 우리는 죽고자 하며 동시에 존재하고자 한다.[21]

레비나스는 죽음이 결코 〈나〉의 존재 소멸을 의도하지 않는다고 주장합니다. 죽어도 존재하기를 바라며 견디기 어려운 장소에서 피난처로 죽음을 선택한다는 것입니다. '죽는 것'과 '존재하는 것'은 적어도 개체로서 나에게는 양립할 수 없는 개념이지만 〈나〉에게는 양립할 수 있습니다. 〈나〉는, 즉 논리로서 '나'는 죽음으로 소멸되지 않기 때문입니다. 이는 결코 영혼이나 혼 등 신비적인 문맥에서 하는 표현이 아닙니다.

이 책에서 거듭 이야기한 '《나》는 타자가 받아들인다'는 명제를 떠올려 주십시오. 우리는 〈신체〉가 소멸돼도 〈나〉는 계속 존재한다는 사실을 알 수 있습니다.

〈그림 6c〉를 〈그림 19a〉로 다시 표현해 보겠습니다. 어떤 개인의 죽음이란 〈그림 19a〉에서 〈신체〉에 속하는 요소가 존재하지 않게

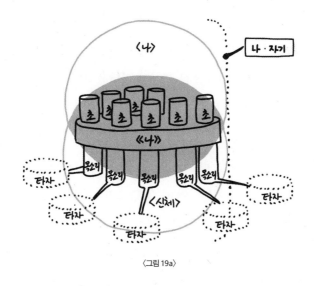

〈그림 19a〉

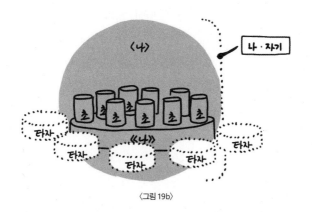

〈그림 19b〉

된 것을 가리킵니다. 〈그림 19b〉는 그런 상태를 나타냅니다.

죽음에 따라 〈신체〉가 소멸하고 〈신체〉에 속한 목소리도 소실

됩니다. 그러나 〈나〉를 구성하는 요소인 초월 확실성 언명은 소멸되지 않습니다. 구축되어 있는 《나》도 소실되지 않습니다. 〈그림 19a〉에서는 생략했지만 초월 확실성 언명을 기반으로 구축한 논리와 올바름, 가치는 소실되지 않습니다.

더구나 목소리를 통해 공진할 수 없는데도 타자도 소멸되지는 않습니다. 〈신체〉가 없어지고 목소리에 대한 응답이 사라짐에 따라 타자는 직접적으로 양식(糧食)*을 얻으려고 《나》와 〈나〉에 접근하며, 이를 통해 타자가 공진을 받아들일 수도 있습니다. 그리고 이런 타자의 행위에 따라 《나》는 강도를 더해 가기도 합니다.

한편 거기에서 발생하는 것은 이미 양식을 얻을 수 없게 된 나이며 수익을 포기한 나입니다. 〈신체〉를 잃어서 목소리를 받아들일 수도, 공진을 받아들일 수도 없게 된 '나'입니다. 거기에 남는 것은 타자가 떠맡아 주지 않는 삶으로서 《나》와 초월 확실성 언명의 묶음으로서 〈나〉입니다.

죽으면 편해진다는 말은 옳은가

스스로 죽음을 선택하는 경우를 생각해 보겠습니다. 이때 수익의 포기는 괴롭지 않은 상태가 된다는 수익, 무언가를 얻는다는 수

---

* 양식에 대한 설명은 3장 132쪽 참조─옮긴이.

익을 포기한다는 뜻일 겁니다. 이를 왜 피난처라고 느낄까요? 왜 그런 상태가 되려고 할까요?

우선 '죽으면 편해진다'는 표현이 어떤 논리 구성을 갖추고 있는지 생각해 보겠습니다. 이를 단적으로 표현하면 다음과 같습니다.

죽는다 → 편해진다

하지만 이 구성에는 많은 것들이 생략되어 있습니다. '편해진다'부터 생각해 보겠습니다. 이는 편한 상태가 된다는 말일 텐데, 쾌락을 얻는다와 같은 적극적인 의미가 아니라 괴로움에서 벗어난다는 의미로 사용됩니다.

즉 죽으면 편해진다는 다음과 같이 변환될 수 있습니다.

죽는다 → 괴로움에서 벗어난다

이때 죽음으로 괴로움에서 벗어날 수 있을까요?

2장의 '벗어나는 이야기'를 떠올려 주십시오. 괴로움이란 속박에서 벗어날 수 없을 때 〈나〉가 내보내는 신호입니다. 이는 내가 '벗어나는 이야기'를 수행 중이며 자유를 잃어버렸음을 나타냅니다. 그리고 그때 〈나〉는 이 이야기를 더 수행하기 힘드니 멈추고 싶다고 알리기 위해 괴로움이라는 신호를 만듭니다. 즉 괴로움이란 〈나〉 때문에 생기며 〈나〉에 포함된 개념이라는 뜻입니다. 따라서 어떤 이야기가 괴로움을 발생시키는가를 먼저 생각하는 것이 논리적입니다. 그 이야기가 무엇인지 알고 있다면 그것을 포기하면 해결되겠지만, 사는 것 자체가 괴로운 경우에는 스스로 죽음을 선택하게 됩니다.

여기서는 죽음을 〈신체〉의 소멸이라는 의미로 사용하겠습니다. 이때 다음과 같은 도식은 올바르지 않습니다.

〈신체〉의 소멸 → 괴로움에서 벗어난다

왜냐하면 괴로움이란 〈신체〉에 속한 개념이 아니기 때문입니다. 하지만 다음 도식은 가능합니다.

〈신체〉의 소멸 → 아픔에서 벗어난다

아픔이란 〈신체〉가 발생시키는 신호라서, 〈신체〉가 소멸되면 발생하지 않습니다. 만약 괴로움에서 벗어난다는 것을 상정한다면 다음과 같은 도식을 생각해야 합니다.

〈나〉의 소멸 → 괴로움에서 벗어난다

이것이 죽으면 편해진다는 말의 의미입니다.

앞서 이야기했듯이 〈신체〉의 소멸은 〈나〉의 소멸을 동반하지 않습니다. 〈신체〉의 소멸은 기관의 소멸을 의미하며, 곧 수익의 포기(수고의 포기)입니다.

여기서 〈신체〉가 아니라 신체 자체를 소멸할 수 있다고 보는 것은 잘못된 생각입니다. 왜냐하면 우리는 '나 자체'나 '신체 자체'를 인식할 수 없고, 한정적으로 인식된 〈나〉나 〈신체〉만 생각할 수 있기 때문입니다. 〈신체〉를 소멸할 수 있다는 생각도 실제로는 우리의 논리적 판단에 기초할 뿐입니다.

여기에서 좋은 결과를 낳으면 좋은 행위라는 사고방식은 잘못이라는 말을 떠올려 주십시오. 좋음은 행위에 앞서 판단해야 합니다. 죽으면 편해진다는 생각이 올바른가 그렇지 않은가는 실제로 죽은 다음에 어떻게 되는가에 따라 판정되는 것이 아닙니다. 또 어떻게 될지 알 수 없다는 사실에 기초해 논리를 세울 수도 없습니다. 문제는, **죽으면 편해진다고 생각하고 죽음을 결심한 순간에 〈나〉의 부정**(否定)**이 발생한다는** 사실입니다. 즉 거기에 존재하는 것은 부정된 〈나〉입니다. 〈나〉는 소멸하지 않습니다. 물론 수익과 수고도 포기한 상태라서, 이를 의식하지 못하고 부정된 〈나〉로서 계속 존재한들 어떻게 되지는 않을 것입니다. 덧붙이자면 그때 괴로움은 그《나》, 즉 〈나〉의 존재를 지탱하는 것을 떠맡고 있는 타자가 그대로 떠맡게 됩니다.

여기서 잠깐 논리에 관해 생각해 보겠습니다. 어떤 논리든 그 기반을 부정할 수는 없습니다. 예를 들어, ① '이 문장은 거짓이다'라는 문장이 있다고 해 봅시다. ①이 거짓일 때 '이 문장은 거짓이다'는 거짓이므로 ①은 참이 됩니다. 그런데 ①이 참이라면 '이 문장은 거짓이다'는 참이 되어 ①은 거짓입니다. 이는 오래전부터 자기 언급의 문제점으로 다뤄졌습니다.

단적으로 말해, 논리는 자기 언급이 불가능합니다. 자기 언급이 잘되는 것은 가끔뿐이고, 모든 자기 언급이 모순을 내포합니다. 즉 '이 문장은 거짓이다'라고 말할 수 없으며, 〈나〉를 부정하는 것도 불가능합니다.

〈나〉의 사고는 모두 초월 확실성 언명을 기반으로 삼아 그 위에 구축됩니다. 그리고 초월 확실성 언명의 묶음이란 〈나〉 자체입니다. 논리는 자기 언급이 불가능하다는 사실을 생각한다면, 〈나〉라는 기반 위에 구축된 논리가 〈나〉를 부정하는 구조는 모순입니다.

물론 '죽으면 편해진다'는 말이 맞지 않는다는 사실은 누구나 직관적으로는 깨닫고 있으며 새삼스럽게 지적할 필요가 없을 것 같습니다. 그러나 이 깨달음이 결코 '죽은 뒤의 일 같은 건 모른다'라든가

'죽으면 편해지는 것이 아니라 사실은 괴로워진다'는 이유에 따른 것이 아니라는 사실을 기억하길 바랍니다. 죽은 뒤의 일 같은 건 모른다는 경우 만약 편해진다면 그렇게 될 확률에 걸어야만 한다는 반론에 다시 반론할 수 없기 때문입니다.

올바르지 않은 자살

죽으면 편해진다는 말이 틀렸다는 것은 사실 큰 문제가 아닙니다. 더 중요한 것은 어째서 이런 불가능한 이야기를 믿게 되는가입니다. 즉 죽으면 편해지니까 자살을 생각한다면 초월 확실성 언명 가운데 몇 가지가 잘못되었거나 매우 약한 상태임을 나타냅니다.

〈그림 20a〉처럼 견고한 《나》 위에 초월 확실성 언명이 굳건히 서 있다면 견고한 행위와 논리가 구축됩니다. 이런 상태라면 〈나〉를 부정한다는 비논리적인 행위가 벌어지지 않습니다. 그러나 〈그림 20b〉와 같이 무르고 약한 《나》 위에 있는 초월 확실성 언명이 불충분하고 모자라다면 그 위에 구축되는 행위와 논리는 비논리적이거나 기묘한 것이 됩니다. 그리고 이런 논리나 행위는 흔들리고 있어서 곧 올바름의 기반에서 굴러 떨어지기도 합니다.

요즘 자살하고 싶어 하는 사람을 인터넷 게시판으로 모집해 여럿이 한꺼번에 집단 자살하는 일이 종종 문제가 되고 있습니다. 그들이 자살에 이르기까지 사정은 각각 다르겠지만, 이렇게 이해해 볼 수 있습니다. 〈그림 20b〉 상태에 놓인 사람들에게 죽으면 편해진다 같은 틀린 논리는 흔들리고 있습니다. 그 요동을 멈추고 자살이라는 행위를 수행하려면 타자가 떠맡아 줘야 할 것입니다. 물

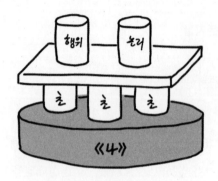

〈그림 20a〉

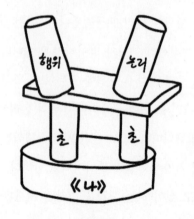

〈그림 20b〉

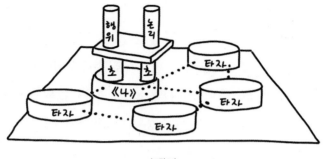

〈그림 21〉

론 이때 다른 타자로부터 공진을 느낄 수도 있겠지만, 이 사람들의 《나》는 이를 싫어합니다. 왜냐하면 《나》는 자신의 초월 확실성 언명을 지키는 방향으로 기능하기 때문입니다. 또한 죽음을 결심한 《나》를 받아들일 타자는 그다지 많지 않습니다. (이것은 논리적으로 모순된 상태이기 때문입니다.) 결국 그런 《나》의 부름에 응답해 주는 것은 똑같이 죽으면 편해진다고 생각하고 죽음을 결심한 사람들뿐입니다.

이때 〈그림 21〉처럼 그런 타자가 부름에 응합니다. 이 떠맡음은 아주 모순적입니다. 왜냐하면 이는 서로 《나》의 '비존재, 즉 존재의 부정'을 떠맡는 것이기 때문입니다.

단적으로 말해, 집단 자살이라는 형태를 취하는 이것이 논리적으로 옳지 않은 자살일 가능성이 아주 높다고 할 수 있습니다. 왜냐하면 서로 《나》의 존재를 떠맡아 주는 것이어야 하는 행위가

〈나〉를 부정함으로써 이루어지기 때문입니다. 그러나 집단 자살에 서는 서로 함께 존재를 없애는 것을 받아들입니다. 이는 존재를 떠 맡는 것이라고 할 수 없습니다. 만약 서로 존재를 떠맡을 필요가 있다면 〈나〉에 대한 부정도, 〈나〉의 소멸도 꾀하지 않을 것이기 때 문입니다. 덧붙이자면 저는 이런 경우 부름의 주체가 익명이라는 것이 이상합니다. 뒤에서 다시 이야기하겠지만, 익명으로 존재를 떠맡기란 어려운데도 여기에서는 가능한 듯 보이기 때문입니다.

우리는 〈나〉의 부정, 〈나〉의 소멸을 바라는 경우에도 타자가 떠 맡아 주지 않으면 안 됩니다. 거꾸로 말하자면, 그런 상황에 처하 기 전에 《나》의 존재를 충분히 떠맡아 주는 타자와 만나지 못한 것 이 올바르지 않은 자살을 수행하게 되는 주요 원인인 것 같습니다. 《나》의 존재를 부정하고 싶다는 바람의 의미를 생각해 보면 명백 합니다.

올바른 자살

앞 절에서 올바르지 않은 자살 이야기를 했으니, 이번에는 올바 른 자살에 대해 생각해 보겠습니다. 올바른 자살이란 견고한《나》가 존재하며 그 위에 굳건한 초월 확실성 언명이 발생하고 있다는 조건을 바 탕으로 결심하는 자살입니다.

이때 사람은 초월 확실성 언명을 지키기 위해 싸우며, 그 싸움의 일환으로 자신을 죽이기로 결심합니다. 이 자살은 결코 〈나〉의 부정이 아니라, 〈신체〉를 죽이지 않고서는 〈나〉 또는 《나》를 살릴 수 없다고 생각한 결과입니다. 이런 죽음을 결심한 인간은 이제 죽을 수밖에 없다고 생각합니다. 그런데 이런 생각이 '죽음이 최선의 선택'이라는 의미를 갖는다면 올바른 자살인지 판단하기 어렵습니다. 왜냐하면 죽을 수밖에 없다는 것과 최선의 선택으로서 죽음 사이에는 커다란 의미의 간극이 있기 때문입니다. '죽을 수밖에 없다'란 다른 방법이 모두 막혔다는 뜻인데, 최선의 선택으로서 죽음은 다른 방법이 있지만 이것이 가장 올바르다는 뜻입니다. 우리의 삶은 일회적이기 때문에 상정하고 있는 행위가 어떤 결과를 낳을지는 늘 해 보지 않으면 알 수 없습니다. 물론 모든 것을 해 볼 수는 없어서, 논리에 따라 성공 확률이 높다고 판단된 것부터 순서대로 시도하는 것이 효율적입니다.

죽음을 상정한다면 가능한 한 다른 모든 것을 해 봐야만 하고, 그럴 가치가 있다고 할 수 있습니다. 즉 시간이 허락하는 한 끝까지 싸워서 다른 이야기를 시도한 결과 최종 판단이 죽음이 아니면 〈나〉가 〈나〉로 계속 있을 수 없다는 경우에는 죽음이 올바른 자살이 됩니다. 단, 이것이 발생하는 상황은 각 개인의 초월 확실성 언명이 어떤 식으로 구성되었는지에 따라 달라집니다. 명예를 위한 죽음이라든가 누군가를 위해 죽는 것을 칭찬하려고 하는 말이 아닙니다. 올바른 자살이란 타자나 사물을 위해 죽는 것이 아니라, 어디까지나 〈나〉로 계속 존재하기 위해 죽는 것이기 때문입니다.

이때 올바른가 올바르지 않은가를 음미해야 하는 대상은 자살이라는 행위가 아니라 그 사람의 초월 확실성 언명입니다. 예를 들어 〈나〉로서 초월 확실성 언명이 '나는 교사다'라면, 그 〈나〉를 지키기 위해 싸우고 그 싸움의 결과로서 〈신체〉를 희생하지 않으면 〈나〉가 아니게 되어 버리는 상황을 바탕으로 죽음을 결심했을 때의 자살이 올바른 자살입니다. 초월 확실성 언명이 '나는 군인이다', '나는 아버지다', '나는 인간이다', '나는 사람을 죽이지 않는다' 등일 때도 매한가지입니다.

그런데 나 말고 다른 인간의 초월 확실성 언명은 모두 근거 없고, 가치 없는 것으로 보입니다. 그렇다고 해서 제3자가 그런 죽음을 가치가 없다든가 하잘것없다고 판단할 수는 없습니다. 제3자가 말할 수 있는 것은 기껏해야 '그 초월 확실성 언명은 내 것과 다르다' 정도이며 이를 새삼스럽게 문제 삼는 것 자체가 잘못이라고 할 수 있습니다.

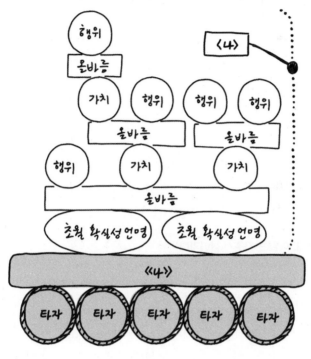

〈그림 22〉

세계를 만들다

세계를 떠맡는 자로서 살아가다

〈그림 22〉에 나타낸 것처럼 우리의 모든 행위나 가치는 《나》가 지탱하고, 《나》는 타자가 지탱하고 있습니다. 이렇게 해서 《나》는 이 세계에서 확실한 것이 됩니다. 이때 떠맡게 되는 방식은 사랑하는 사람으로서, 부모로서, 자식으로서, 친구로서뿐만 아니라 적으로서, 증오의 대상으로서 등 다양합니다.

여기에서 타자의 떠맡음은 부름에 따라 발생한다는 사실을 떠올려 주기를 바랍니다. '나'의 존재(《나》)는 타자의 부름으로 확실한 것이 되지만 '부름을 받은' '나'도 그때 반드시 타자를 부르고 있을 것입니다. 즉 여기에서 '나'는 타자의 존재를 떠맡고 있습니다. 이런 《나》와 타자가 서로 떠맡는 것이 세계를 구축해 가는 데 기본적인 요소입니다.

한편 '나'를 도구로만 취급하는 타자도 있습니다. 이 경우 '이해할 수 없는 타자로서 당신의 존재'를 떠맡는 것이 아니라, 그저 도구나 장식품이나 장난감으로서 인식할 뿐인 상태가 나타납니다. A라는 사람을 '이해할 수 없는 타자'라고 생각하지 않는 B라는 사람이 있다고 해 봅시다. 사람 B는 '사람 A를 사물이나 도구로서 타인'으로 인식합니다. 좀 더 쉽게 이해할 수 있도록 사람 A를 '노예', 사람 B를 '주인'이라고 해 보겠습니다. 노예는 타자로서 주인에게 부름을 받지만 주인은 노예를 '이해할 수 없는 타자'라고 인식하지 않습니다. 즉 노예는 주인에게 단지 도구이며 타자로서는 기능하지 않습니다.

이는 주인이 노예에게 '부름'을 행하지 않는다는 사실에서 드러납니다. 다시 한 번 확인해 두자면, '부름'이란 스스로 이름을 대는 것인 동시에 상대방의 이름을 부르는 것입니다. 하지만 주인은 이름을 대지 않으며 노예의 이름을 부르지도 않습니다. 때로 이름을 부른다 해도 번호 대신이거나 하는 식입니다. 당연하게도 주인은 노예의 얼굴을 보면서 부르지 않습니다. 멀리서, 얼굴을 보지 않고 명령을 내릴 뿐입니다. 이것은 부름이 아니라 오라는 명령이며 소집에 지나지 않습니다. 이때 노예는 누구에게도 부름받지 못하는 존재입니다. 부름이 발생하지 않는 상태에서 노예는 그 존재를 누군가가 떠맡아 주지 못합니다. 어떤 사람이 이렇게 노예와 같은 취급을 받는다면, 그 사람의 존재의 기반은 매우 약해질 것입니다. 존재를 떠맡아 주는 타자가 없기 때문입니다.

이와 같이 만나는 사람이 모두 안정적으로 《나》의 존재를 떠맡는 타자가 되지는 않습니다. 존재의 떠맡음에는 강도가 존재하며 극히 약하게만 존재를 떠맡는 타자도 있습니다. 어떤 '나 A'를 '이해할 수 없는 타자'로서 파악하지 않고 '어떤 배역의 존재로서 타인'으로만 인식하는 '사람 B'는 '나 A'와 '함께 존재를 떠맡을' 수 없습니다.

그리고 《나》의 존재가 희박할 때 〈나〉의 초월 확실성 언명도 약해집니다. 왜냐하면 《나》라는 기반을 잃어버리기 때문입니다. 상황에 따라 주인도 노예와 같은 상태에 빠집니다. 만약 주인과 노예만 존재하는 세계가 있다면, 주인의 존재를 떠맡는 타자가 없기 때문입니다. 노예와 주인이라는 구도만으로는 어느 쪽도 존재의 기반을 얻을 수 없습니다. 그러나 노예가 주인 이외의 인간과 만나고 거기에서 부름과 응답이 발생한다면, 노예는 존재의 기반을 얻을 수 있습니다.

우리는 '공존의 장'에서 배역 연기를 합니다. 배역은 상호작용 질서에 따라 규정되어 있습니다. 그러나 이때 그 장에 있는 사람들을 배역으로만 인식하지 않고 이해할 수 없는 타자로 인식할 수 있는

지가 아주 중요합니다. 배역만 인식할 때는 주인이 되고, 배역만으로 인식될 때는 노예가 됩니다. 두 경우 모두 《나》의 존재를 위태롭게 만듭니다.

근거 없는 신념의 힘

인생은 일회적이며 두 번 발생할 수 없습니다. 인생의 시간이 다 그렇고, 우리가 조우하는 모든 사건도 일회적입니다. 그러나 우리는 인생이라는 이야기를 효율적으로 수행하기 위해 언어로 분류를 합니다. 이는 과거에 같은 일이 일어난 경우를 참고하기 위해서라고 할 수 있습니다. 즉 전에 어딘가에서 누군가가 a라는 행위를 했을 때 b라는 결과를 얻었다는 사실이 거듭된다는 것을 알면, 우리는 '내가 a라는 행위를 하면 b라는 결과를 얻는다'고 추측합니다. 그러나 이 추측에는 논리적 근거가 없습니다. 즉 자신이 수행하는 이야기가 잘 진행될 거라는 생각은 논리적인 판단에만 기초하는 것이 아닙니다. 어떤 논리든 마지막에는 반드시 초월 확실성 언명이 지탱합니다. 그리고 어떤 초월 확실성 언명 아래에도 논리적 뒷받침이 존재하지 않습니다.

어떤 이야기가 잘 진행될 거라고 생각하거나 그 이야기를 수행하는 것이 좋은 일이라고 믿는 것은 그것이 마지막에는 초월 확실성 언명의 뒷받침을 받기 때문입니다. 달리 보면, 이것은 근거 없는 신념입니다. 근거 없는 신념, 즉 초월 확실성 언명의 뒷받침이

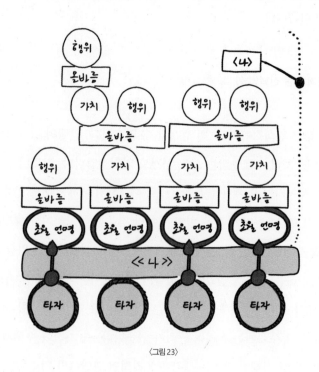

〈그림 23〉

없는 한 우리는 이야기를 수행하지 못합니다. 이것이 믿는다는 힘이며 이것 없이 인생이라는 이야기를 수행해 갈 수는 없습니다.

이 책에서 거듭했지만 여기에 덧붙이고 싶은 것이 있습니다. 몇몇 초월 확실성 언명은 타자에서 유래한다는 사실입니다. 〈그림 22〉는 사실 〈그림 23〉처럼 되어야 합니다. 왜냐하면 타자에서 유

래하지 않는 초월 확실성 언명도 있고, 〈나〉의 초월 확실성 언명과 연결되지 않는 타자도 있기 때문입니다. 하지만 몇몇 초월 확실성 언명은 타자로부터 유래합니다. 그중에는 '그 타자가 그렇게 말했기 때문'이라는 것도 있고, '그 타자가 믿는 것이 틀렸을 리 없다'도 있습니다. 타자는 《나》의 존재를 뒷받침할 뿐만 아니라 〈나〉의 초월 확실성 언명의 원인이 되는 경우도 있다는 사실을 새겨 두길 바랍니다.

타자의 힘

타자에서 유래하는 초월 확실성 언명에 관해 좀 더 이야기해 보겠습니다.

초월 확실성 언명이란 《나》가 근거 없이 선언하는 것입니다. 물론 어떤 초월 확실성 언명은 다른 초월 확실성 언명과 모순되면 안 되기 때문에 어떤 것이든 그렇게 선언할 수는 없지만, 다른 것과 모순되지 않는 한 아무런 근거 없는 개념도 선언할 수 있습니다. 다시 〈그림 23〉을 봐 주십시오. 그럼 타자에서 유래하는 초월 확실성 언명의 존재를 알 수 있습니다.

서로 모순되는 두 언명이 있다고 합시다. 한쪽은 초월 확실성 언명으로 선언됩니다. 이것을 언명 α라고 하겠습니다. 그리고 또 한

쪽은 초월 확실성 언명으로 선언되지 않습니다. 이것을 언명 β라고 하겠습니다. 지금 당신이 언명 α를 포기하고 언명 β를 초월 확실성 언명으로 선언하려고 한다고 합시다. 이때 언명 α를 포기하고 언명 β를 선언하게 되는 원인은 무엇일까요? 언명 β가 언명 α보다 올바르기 때문에 채용되는 것은 아닙니다. 초월 확실성 언명에는 논리적 뒷받침이라는 것이 없기 때문입니다. 언명 α와 언명 β의 강도를 결정하는 것은 각 언명을 떠맡고 있는 타자의 강도입니다. 언명 α는 타자 A가 초월 확실성 언명으로 삼고 있으며, 언명 β는 타자 B가 초월 확실성 언명으로 삼고 있다고 합시다. 이때 타자 A와 B가 '나'를 떠맡을 때의 강도에 따라 언명 α를 취할지, 언명 β를 취할지를 판정합니다.

우리는 '나'를 더 안정적으로 떠맡고 있는 타자의 언명을 채용합니다. 《나》의 존재를 떠맡으면서 확실하게 만드는 것이 타자라는 사실을 생각해 보면 당연한 일입니다. 물론 타자가 어떤 강도로 떠맡아 주는가에 따라서만 어떤 언명이 초월 확실성 언명이 되는 것은 아닙니다. 아주 높은 강도로 떠맡아 주는 타자의 존재는 사실 바람직하지만은 않습니다.

예를 들어 그런 타자가 사이비 종교 집단의 지도자라든가 폭력 조직의 우두머리라면 당연히 문제지만, 인격적으로 아주 뛰어난 지도자일 때도 문제가 생길 수 있습니다. 왜냐하면 그때 《나》의 존재 자체가 희미해지기 때문입니다. 이렇게 어떤 사람의 타자의 언명을 무비판적으로 채용하지 않기 위해서도 될 수 있는 한 많은 타자가 우리를 떠맡아 주어야 합니다.

이때 우리에게 필요한 것은 역시 '부름'입니다. 우리는 부름받기 때문에 존재를 떠맡기는 것이 아닙니다. '나'가 타자를 부름으로써 그 타자가 《나》의 존재를 떠맡아 주는 것입니다. 물론 이때 우리는 얼굴을 보여야 하고 이름을 대야 합니다. 《나》의 존재를 떠맡기기 위해서입니다. 얼굴을 보이지 않고 익명으로 부른다면 그 존재가 떠맡겨지지 않습니다. 익명의 행위는 다른 자리에서 안정적으로 떠맡아 주고 있어서 그 존재가 확실해진 《나》만이 할 수 있습니다.

인터넷이나 휴대전화 등 전자 통신망이 발달하면서 익명으로 행동하는 경우가 늘고 있지만, 거기에 당신이라는, 《나》의 존재를 떠맡아 주는 사람은 없습니다. 그리고 당신 역시 어떤 타자의 존재도 떠맡지 않을 것입니다. '존재를 서로 떠맡는다'는 것은 막중한 행위입니다. 인터넷 같은 것이 아주 홀가분한 자리라면 결국 가벼운 의미밖에 갖지 못할 자리라는 사실을 알아 둬야 합니다.

세계를 만드는 자로서 살아가다

현대철학의 개념을 바탕으로 '나'에 대해 여러 논의를 한 이 책도 끝에 다다랐습니다. 이 마지막 절에서 획기적인 해결책 같은 것을 제안할 수 있다면 좋겠지만 그럴 수 없습니다. 이 책에서 검토한 것은 싸움의 수단으로서 사고하는 방법이고, 이것을 어떻게 실천할지는 사람들 각자에게 달려 있습니다.

이 책의 첫 부분에서 속박에서 벗어난다는 것에 대해 이야기했습니다. 속박에서 벗어나 자유로워지는 것이 중요하지만, 우리는 결코 속박에서 벗어나기 위해 살지 않습니다. 속박에서 벗어난다는 것은 자유로워진다는 것의 다른 표현이라는 사실에 주의가 필요합니다. 자유로워지고 싶다고 생각할 때 우리는 자유가 무엇인지를 이미 알고 있습니다.

이 세계는 원래 아름다운 것이겠지요. 우리는 이 사실을 알고 있습니다. 왜냐하면 이 세계는 추악하다는 사실을 알기 때문입니다. 'A는 아름답지 않다'고 했을 때 이 사실을 판정하는 사람은 '무언가가 아름다운 상태'를 알고 있어야만 합니다. 그리고 이 세계는 하나뿐이기 때문에, 이 세계가 아름답지 않다면 이 세계가 아름다운 상태를 알고 있을 것입니다. 이 세계는 괴로운 것이다, 이 세계는 잘못되어 있다는 말도 같습니다. 그렇다면 우리는 괴롭지 않은 세계, 잘못되지 않은 세계를 알고 있을 것입니다.

여기에서 '벗어나는 이야기'와 '얻는 이야기'를 떠올려 주면 좋겠습니다. 괴로운 세계에서 벗어나자고 생각하면 이것이 '벗어나는 이야기'가 되지만, 괴롭지 않은 세계를 획득하자고 생각하면 이것이 '얻는 이야기'가 됩니다. 이와 같이 추한 세계에서 벗어나자가 아니라 아름다운 세계를 획득하자, 잘못된 세계에서 벗어나자가 아니라 올바른 세계를 획득하자고 했을 때 우리는 '얻는 이야기'를 구축할 수 있습니다. '벗어나는 이야기'도 '얻는 이야기'도 결코 쉽지는 않습니다. '얻는 이야기'에서는 피로가 생기고, '벗어나는 이야기'에서는 괴로움이 생깁니다. 그러나 피로 때문에 멈추는 것과 괴로움 때문에 멈추는 것은 의미가 다릅니다. '벗어나는 이야기'에서는 멈출 수 없습니다. 쫓기게 되기 때문입니다. 그리고 우리는 쫓길 때 절망하고 비논리적인 죽음을 선택하기도 합니다.

우리는 '얻는 이야기'를 효율적으로 구축해 나가야 합니다. 이는 세계를 만드는 사람으로서 살아간다는 것과 같습니다.

마치며

무엇을 위해 일어서는가, 무엇을 위해 걷기 시작하는가

저는 차가운 물이 넘쳐흐르는 욕조 안에서 옷을 벗은 채 웅크리고 3분이 넘도록 움직이지 않는 아이에게 이렇게 말했습니다.

"일어나라."

욕조 바닥에 잠겨 있는 칼이 보였습니다. 물은 붉게 물들어 있지 않았습니다.

그 아이는 간신히 들릴 만큼 작은 목소리로 천천히 이렇게 대답했습니다.

"어쩌라는…… 거예요? 일어서면, 뭐가 있는데요?"

저는 말문이 막혔습니다. 거기에는 아무것도 없다는 사실을 알았기 때문입니다.

"일어서서, 스스로 걷는 거야."

"걸으면, 뭐가 어떻게 되는데요?"

"그 자리에서 벗어날 수 있지."

"저는, 어디에 있어야 해요?"

"그건 알 수 없지만 거기는 차갑잖니? 일단 일어서서 스스로 걷지 않으면 계속 거기 있게 될 거야."

저 자신도 제가 계속 살아 있다는 것을 신기하게 생각하는 인간입니다. 고독하며, 이해받지 못하고, 아무도 알아주지 않고, 인생의 의미도 발견하지 못하는데도 저는 '살아' 있습니다. 쓸모없는 인생이라고 생각하면서 그저 시시한 하루하루를 보내고 물질로서 삶을 살아가는 것에 괴로움을 느낍니다. 삶의 보람이 없고, 취미도 없고, 일이 좋지도 않습니다. 사람과 만나는 것은 전부 고통스럽고, 전철을 타는 것과 공존의 장에 존재하는 것도 고통스럽고, 할 수 있다면 방에서 한 발짝도 나가고 싶지 않습니다. 그럼에도 적당히 연극을 계속하며 '살고' 있습니다. 이렇게 초라한 삶을 누군가에게 강요할 자격도, 권리도 저에게는 없습니다.

우리는 이 차갑고 어둡고 고독한 장소에 끌려왔다고 느낍니다. 적어도 정신을 차려 보니 여기에 있었다고 할 수 있습니다. 그리고 언제까지고 여기에 있는 것도 선택입니다.

그러나 스스로 일어서서 걷기 시작할 수는 있습니다. 그리고 《나》가 이동하기 위한 수단인 〈신체〉도 있습니다. 이 〈신체〉를 이용해 어디로 걸어갈지는 정해져 있지 않습니다. 〈신체〉라는 탈것에 갇힌 상태라는 사실은 그럼에도 변함이 없습니다. 고독하다는 것도, 어디를 가도 어둡고 차가운 곳이라는 사실도 아마 변하지 않을 것입니다.

사람은 '자유'롭습니다. 이는 행복해질 자유가 있다는 뜻입니다. 그 자유를 이용할지는 각 개인에게 달린 일입니다.

"행복해질 수…… 있어요?"

차가운 물에서 가까스로 일어선 그 아이의 질문에 제가 대답했습니다.

"물론이지. 우리는 행복해지려고 태어났으니까."

주

1) 根本長兵衛 譯, 「女子製錬工の生活とストライキ(職場占據)」, 橋本一明渡辺一民 編譯, 『シモーヌ・ヴェーユ著作集 1 初期評論集 '戰爭と革命への省察'』, 春秋社, 1968, p. 282.

2) 山本顯一 譯, 「オーギュスト・ドゥトゥーフへの手紙 (1)」, 앞의 책, p. 271.

3) 앞의 글, p. 272.

4) 森元庸介 譯, 『西洋が西洋について見ないでいること』, 以文社, 2004, p. 72.

5) 앞의 책, p. 82.

6) 앞의 책, pp. 77~78.

7) 앞의 책, p. 112.

8) 상동.

9) 앞의 책, p. 145.

10) アルヴァレズ, 早乙女忠 譯, 『自殺の研究』, 新潮社, 1974, pp. 57~85.(『자살의 연구』, 최승자 옮김, 청하, 1982.)

11) 合田正人 編譯, 『レヴィナス コレクション』, ちくま學藝文庫, p. 165.(『탈출에 관해서』, 김동규 옮김, 지식을만드는지식, 2009.)

12) 上村忠男廣石正和 譯, 『アウシュビッツノ殘りもの』, 月曜社, p. 141.(『아우슈비츠의 남은 자들』, 정문영 옮김, 새물결, 2012.)

13) 植田重雄 譯, 『我と汝』, 巖波文庫, 1979, p. 8.(『나와 너』, 표재명 옮김, 문예출판사, 2001.)

14) 앞의 책, pp. 39~40.

15) 大西雅一郎 譯, 『共同一體(コルプス)』, 松籟社, 1996, pp. 30~31.(『코르푸스』, 김예령 옮김, 문학과지성사, 2012.)

16) 原田佳彦 譯, 『時間と他者』, 法政大學出版局, 1986, pp. 90~91.(『시간과 타자』, 강영안 옮김, 문예출판사, 1996.)

17) 守中高明·谷昌親·鈴木雅大 譯, 『批評と臨床』, 河出書房新社, 2002, p. 265.(『비평과 진단』, 김현수 옮김, 인간사랑, 2000.)

18) 앞의 책, p. 261.

19) 상동.

20) 앞의 책, pp. 261~262.

21) 原田佳彦 譯, 『時間と他者』, 法政大學出版局, 1986, pp. 69~70.

주요 개념

'나'

우리가 이 책에서 파악하려고 하는 존재. 우리가 일반적으로 '나'라고 했을 때 떠올리는 대상으로 보면 된다. 이 대상을 파악하기 위해 저자는 아래에서 설명할 〈나〉, 《나》, 〈신체〉 등 여러 개념을 도입한다.

〈나〉

언어를 통해 대상화된 나의 상(像)이다. 우리는 언어라는 도구를 통해서만 사물을 대상화할 수 있는데, 그 사물에는 우리 자신도 포함된다. 그런데 한편으로는 이 언어로 대상화된 나는 본래의 나를 온전하게 표현할 수 없다. 예를 들어 '나는 키가 크다'·'나는 착하다'·'나는 옳은 일을 하는 사람이다' 등 나를 표현하는 말은 무수히 많지만, 이 말들이 본래의 나를 제대로 표현하고 있다고 할 수는 없다. 그럼에도 우리는 언어를 통해 본래의 나를 표현하려고 할 수밖에 없는 존재다. 그 시도를 통해 파악되는 내가 〈나〉라고 할 수 있다. 이 〈나〉는 신체 또한 대상화하지만 이는 육체로 표현되는 나와는 관계없는 순수한 논리적인 차원의 나다('나는 키가 크다'는 말은 내 신체에 대한 설명이지 내 신체 자체라고 할 수 없다). 113쪽 〈그림 2a〉 참조.

〈신체〉

제어해야 할 대상으로 대상화된 신체. 〈나〉의 내부에는 신체적 욕망과 욕구가 존재하지만 〈나〉는 이 신체를 충분히 제어할 수 없다. 배가 고프면 먹어야 하고 피로하면 쉬어야 하기 때문이다. 이런 욕구와 욕망에 따라 '나는 일보다 휴식이 우선이다', '나는 맛있는 것을 먹기 위해 일한다' 등 내가 지향하는 가치, 내가 수행하는 이야기가 달라질 수 있다. 이때 우리는 〈나〉가 신체의 지배하에 놓여 있음을 깨닫고 이 신체를 대상화하고 제어해야만 한다고 본다. 〈나〉는 신체를 대상화하고 제어해야 한다고 생각하지만 동시에 〈나〉는 신체의 안쪽에 존재한다는 모순되어 보이는 관계를 염두에 두어야 한다. 113쪽 〈그림 2a〉, 〈그림 2b〉 참조.

《나》

신체와 내가 겹쳐진 곳에서 발생하는 나의 중심에 존재하는 것이며 인정할수 없고 받아들일 수 없는 삶 자체. 겹쳐짐에 대해서는 117쪽 〈그림 2c〉 참조. 〈나〉의 핵심 부분에 있으면서 〈나〉의 존재를 뒷받침하는 것이자 〈신체〉의 핵심 부분에 있으면서 대상화된 〈신체〉를 뒷받침하는 것이다.

타인

어떤 사람을 그 사람이 맡은 역할에 따라 인식한 것. 예를 들어 어떤 사람이 '엄마', '아내', '딸', '선생님', '여자' 등으로 불린다고 해 보자. 각각의 단어에 대해 우리는 머리에 어떤 형상을 그리게 된다. 이 상이 타인이다.

타자

나 이외에 이 세계에 존재하는 무엇. 비트겐슈타인은 우리가 자기 의식의 외부를 생각할 필요가 없을 때 나만이 이해할 수 있는 언어를 상정하며 이를 '사적 언어'라고 부른다. 이 책에서는 특히 '이름 짓기'와 연관해 설명하는데, 자기만 알고 자기에게만 통하는 이름은 아무런 의미가 없다. 그러므로 이름 짓기란 이미 존재하는 누군가 때문에 의미가 있는 행위다. 이때 이 누군가가 '타자'라고 할 수 있다.

주체

나라는 인간을 제어하는 어떤 존재. 보통 뇌가 제어하고 신체가 제어당한다고 보기 쉽지만 우리는 생각까지도 제어한다고 믿기 때문에 이 도식은 맞지 않다. 여기에서도 중요한 것이 언어다. 어떤 상태(예를 들면 '아프다')가 언어화되기 전에는 그 상태에 처해 있다는 사실조차 깨닫지 못하기 때문이다. 비트겐슈타인은 우리가 언어라는 제도에 따라 사고하고 행동하는 양상을 검토했다. 우리는 언어를 통해 사고하고, 그 사고야말로 자아 또는 나라고 생각한다. 즉 우리는 자아 또는 나라는 개인으로 사고하는 것이 아니라, 언어 제도에 따라 언어를 사용하는 상태를 '나의 사고'라고 부를 뿐이다. 그럼에도 누구나 '내가 생각한다'라는 실감을 갖고 이런 실감이 생기는 이유에 대해 비트겐슈타인은 '초월 확실성 언명'이라는 개념을 통해 설명한다. 초월 확실성 언명에는 버릴 수 있는 것도 있지만, 버릴 수 없는 초월 확실성 언명에 도달했을 때 〈나〉는 그것을 지키려고 싸우면서 '주체로서 〈나〉가 발생한다.

초월 확실성 언명

누군가에게 아주 확실한 사실이며 일체의 의심을 거부하는 언명, 즉 아무런 근거 없이 믿고 주장할 수밖에 없는 언명, 증명이 불가능한 언명. 그리고 아무런 근거 없이 수용하기 위한 그릇과도 같은 것이 〈나〉나 '자아'다. 그렇게 함으로써 〈나〉나 '자아'가 그 언명의 올바름을 받아들인다고 선언한다.

〈나〉는 초월 확실성 언명이라는 기반에 따라 발생하며 일단 발생하면 거꾸로 '〈나〉, 즉 자기'가 그 초월 확실성 언명이라는 기반을 지탱하게 된다.

이것이 잘못되면 〈나〉의 존재가 잘못된 것이나 다름없어진다. 그래서 초월 확실성 언명을 받아들이는 기반으로서 〈나〉는 초월 확실성 언명이 부정당할 때 반론하려 하고 지키기 위해 싸우려는 의지가 발동하게 된다.

옮긴이의 글

누구나 한 번쯤은 진심으로, 산다는 게 막막하다는 생각을 한다. 육체적으로나 정신적으로 크게 지치고, 더 이상 기댈 데가 없고, '더러운 세상'이 원망스럽다. 심지어는 세상을 버리는 게 나을 것 같다는 극단적인 생각마저 든다. 이 책은 그럴 때 생각을 바꾸라고 이야기하지 않는다. 다만 우리가 왜 절망하게 되는지 엉킨 실타래처럼 보이는 상태를 철학적 논리에 따라 하나씩 풀어보자고 이야기할 따름이다. 그리고 그 논리를 차근차근 따라가다 보면 우리가 느끼는 절망과 비관이 사실은 낙관과 기묘하게 등을 맞대고 있음을 깨닫게 된다.

이 책에서 읽어낼 수 있는 기조저음이 '내 힘으로는 어쩔 수 없는 것'에 대한 절망이라는 사실을 부인할 수는 없다. 우리는 갑자기, 그것도 우리의 의지와는 상관없이 이 세계에 던져졌다. 또한 우리는 결코 이 세계도, 나 자신조차도 온전하게 파악할 수 없다. 언어를 통해 생활할 수밖에 없으면서도 이것이 결코 완벽한 도구가 아니라는 사실을 늘 인식할 수밖에 없다는 절망이 이 책의 곳곳에 깊이 깔려 있다. 그리고 '타자'라는 도저히 이해할 수 없는 존재가 있다. 나와 같은 인간이라는 종의 다른 개체가 존재하는 이유를 생물학적으로 설명할 수는 있겠지만 논리적인 차원에서 보자면 누구나 혼자 태어나 혼자 살다가 혼자 죽는다는 사실만이 참에 가까울 뿐 타자가 존재해야 할 필연성은 어디에도 없다. 그래도 이 존재를 이해하려는 노력을 하면서 그들과 '더불어 있는' 이유를 해명해야 할 숙명이 지워져 있다고 할 수 있다. 어느 것 하나 내 마음대로 할 수 없고 생각하는 것만으로도 벅차다.

그런데 이 '벅찬 생각'을 해보겠다고 마음먹는 순간부터 양날의 검이 지닌 나머지 한쪽 면, 베이기만 하는 것이 아니라 벨 수도 있는 무기가 되는 측면들이 눈에 들어오기 시작한다. 불완전한 도구이지만 우리는 결국 언어로 사유를 할 수밖에 없다. 그리고 '나'와 '내 신체'라는 쓸모없고 연약해 보이는 무기밖에 없지만 이것들을 벗어난 싸움은 생각할 수 없다. 이런 사실을 깨닫는 것만으로도 아주 조금쯤은 생각할 준비가 되고 싸울 용기가 생겨나면서 '자유로워진다'고 할 수 있다. 이렇게 전제한 다음 우리를 속박하는 것들(언어, 가치, 사회)의 정체를 들여다보고, 우리가 어디에서 어떻게 살아가는지(세계에서 이야기를 수행하며)를 살펴보고, 세계를 바꾸는 힘과 무기로서 '나'를 고민하고, 왜 타자와 더불어 살 수밖에 없는지 천천히 따라가면 된다.

물론 이 과정은 상상하는 것만큼, 아니 그보다 더 까다롭게 느껴질 수 있다. '나'의 존재는 대개 자명하게 보인다. 그리고 우리는 보통 이 '나'를 언어를 통해 표현하고 그 자체를 '나'라고 생각한다. 언어로 대상화한 것임에도 불구하고 자명해 보이는 이 '나'라는 존재를 설명하려면 다양한 개념(〈나〉《나》〈신체〉 등)을 동원해야 한다는 사실 자체가 익숙지 않을 것이다. 분명 존재하지만 언어로 대상화되지 않은 '나'를 다시 불완전한 언어로 파악하려는 시도가 쉽게만 느껴진다면 거짓말일지도 모른다. 그럴 때는 그림을 보면서 지은이가 제시하는 '구조'를 이해하려 애썼다.

이 책의 역사 인식에 따르자면 이제는 따라야 할 절대적인 가치관이나 논리의 기반이 사라지고 없다. 그래도 '나'와 '세계'가 존재하는 것만큼은 분명하며, 인간의 삶도 계속된다. 인간이 만든 울타리인 사회나 국가가 결코 든든한 것만이 아님을 실감하게 되는 때일수록 '나'라는 존재의 기반, '타자'가 존재하는 이유를 여러 현대 사상가의 개념을 빌려 깊이 사유하고 이를 되도록 쉽게 제시하려는 지은이의 노력에 귀를 기울여야 하는 게 아닌가 싶다.

지은이의 말대로 우리 삶에 획기적인 해결책 같은 것은 없다. 하지만 적어도 '나'의 존재나 더불어 살아야 하는 이유의 논리적인 기반이 어디서 비롯하는지 생각하기 시작할 수는 있다. 그것이 바로 이 책에서 말하는 '올바르고자 하는 노력'이자 '있을 자리 만들기'이며 '세계 바꾸기'의 첫걸음이 아닐까 한다. 뭔가를 생각하거나 생각을 갖는 것만으로 원하는 만큼 가시적인 변화가 일어나지는 않는다. 하지만 분명 아주 작은 '파문'은 있을 것이다. 인간의 사유도 삶도, 그렇게 해서 바뀌어온 게 아닐까 감히 생각해 본다.

2016년 7월

지비원